OFENFRISCHES FÜR BROTLIEBHABER

OFENFRISCHES FÜR BROTLIEBHABER

Die besten Rezepte
für selbstgemachte Brote,
Brötchen und Brezeln

garant

Brotbacken leicht gemacht

Herzhaftes Bauernbrot, französisches Landbrot, knuspriges Ciabatta oder dunkles Roggenbrot, Brot gehört zum Leben, wie kaum ein anderes Lebensmittel in der Geschichte der Menschheit. Schon bei dem Gedanken an wunderbar duftendes, frisches Brot wird es jedem warm ums Herz –, erinnert uns der Geruch doch an unsere Kindheitstage, als die Welt für einen noch leichter und unbeschwerter war. Köstliches Brot backen ist sehr viel einfacher, als Sie denken. Das Grundrezept ist prinzipiell immer das gleiche: Mehl, Hefe oder Sauerteig, Wasser, Salz und Zeit – mehr braucht es nicht, um ein einfaches, gutes Brot selber zu backen. In diesem Backbuch finden Sie 100 verschiedene Rezepte vom aromatischen Bauernbrot, kräftigen Vollkornbrot über klassisches Weißbrot bis hin zu süßen Broten. Selbstverständlich gibt es da noch unzählige Rezepte Brötchen, Brezeln oder Röggelchen. Für jeden Anlass gibt es die passende Rezeptidee.

Die Geschichte des Brotes reicht etwa 11.000 Jahre in die Jungsteinzeit zurück, als unsere Vorfahren anfingen, sesshaft zu werden und das erste Getreide anbauten. Die Ackerbauern pflanzten zunächst Einkorn und Emmer an. Die Körner verspeisten sie roh oder kochten sie, zerstoßen mit Wasser, zu einer Suppe oder zu Brei. Später wurde der Brei auf heißen Steinen oder in Asche als Fladenbrot gebacken. Diese Vorläufer unserer heutigen Brote waren nicht dick oder sonderlich schmackhaft, aber sie waren fest und haltbar und zudem als Wegzehrung bestens geeignet. Zwei Erfindungen, die von Historikern den Ägyptern zugeschrieben werden, veränderten das Brotbacken entscheidend. Die erste wichtige Entdeckung war, dass Teig aus Mehl und Wasser durch Gärung lockerer und weicher wird. Angeblich hatte ein Ägypter seinen Brotteig über Nacht vergessen, sodass dieser, durch die in der Luft vorhandenen Hefen, zu gären begann. Dieser zufällig gesäuerte Teig schmeckte gebacken so locker und schmackhaft, dass diese Gärung zukünftig angewendet und verbessert wurde. Über die Jahrhunderte hinweg lernten die Menschen die Prozesse der Gärung immer besser zu steuern, indem von einem gut gelungenen, vergorenen Teig eine kleine Menge vor dem Backen abgenommen und diese dem nächsten Teig wieder zugesetzt wurde. Diese Methode der Sauerteiggärung wird heute noch angewendet.

Die zweite wichtige Erfindung war der Bau von Backöfen. Um einen runden Brotlaib gleichmäßig zu backen, muss dieser beim Backen von der Hitze ganz umschlossen sein. Die ersten richtigen Öfen wurden von den Ägyptern aus Lehm gebaut und ähnelten Bienenkörben. In diesen Öfen erreichte man eine sehr hohe Hitze, die das Volumen der Brote stark vergrößerte und gleichzeitig die Krustenbildung verzögerte. Im Laufe der Zeit wurden die Öfen und die Kunst des Backens immer professioneller. Übers Mittelmeer gelangten die Kenntnisse des Brotbackens nach Griechenland, ins Römische Reich und dann nach Europa. Mit dieser Technik wurde, mit kleinen Veränderungen, in ganz Europa bis ins 19. Jahrhundert hinein Brot gebacken.

Unser Buch bietet eine vielfältige Auswahl an Rezeptideen zum Nachbacken. Viel Spaß beim Ausprobieren und Genießen unserer Brotrezepte!

Ihre Redaktion

Aus unserer Brot-Backstube

Sauerteig-Mischbrot
Seite 42

Blumentopfbrot
Seite 60

Italienisches Landbrot
Seite 82

Brot gibt es heute in einer Vielfalt, die kaum zu überbieten ist. Deutschland gilt weltweit als das Land, in dem die meisten Brotsorten gebacken werden. Nirgendwo sonst werden mehr unterschiedliche Brote zubereitet: von hell bis dunkel, von fein bis kernig – hier finden sich Brotsorten für jeden Geschmack. Insgesamt gibt es über 3.000 verschiedene anerkannte Variationen an Broten.

Im Backhandwerk werden die vielen Brotsorten nach ihren Mehlbestandteilen den verschiedenen Zutaten, ihrer Teigführung und dem Backverfahren unterschieden. Grundsätzlich kann man das Brot jedoch in zwei Grundarten unterteilen – gesäuertes und ungesäuertes Brot. Gesäuertes Brot wird mit Hilfe von Triebmitteln wie Sauerteig oder Hefe hergestellt und bekommt so eine lockere Konsistenz. Ungesäuertes Brot wird dagegen ohne den Zusatz von Triebmitteln gebacken.

Weizenbrot
Das klassische Weizenbrot wird aus mindestens 90 % Weizenmehl mit Wasser, fast immer Backhefe, teilweise auch Milch, Fett oder Zucker gebacken. Die restlichen 10 % werden durch Roggenmehl oder andere Mehle ergänzt. Weizenbrot hat eine helle Krume und eine goldbraune Kruste. Der Anteil an Ballaststoffen, Mineralien und Vitaminen ist deutlich geringer als bei dunklen Brotsorten, somit ist es für einen empfindlichen Magen leicht und gut verdaulich. Typische Weizenbrote sind Weißbrot, Toastbrot, Baguette und Ciabatta. Süße Vertreter der Weizenbrote sind Brioche, Hefezopf und Rosinenstuten. Helles Weizenbrot trocknet leicht aus und sollte schnell verzehrt werden.

Roggenbrot
Kräftiges Roggenbrot besteht zu mindestens 90 % aus Roggenmehl und höchstens 10 % aus Weizenmehl. Zur Herstellung wird unbedingt Sauerteig benötigt, da das Brot sonst nicht backfähig ist. Durch diese Zugabe entsteht zudem der typische säuerliche Geschmack, der aber durch das Weizenmehl gemildert werden kann. Diese Brotsorten werden sowohl in Laib- als auch in Langform gebacken und haben meist die typische grobe, bemehlte Kruste. Zu den reinen Roggenbroten zählen beispielsweise Land- und Bauernbrot. Roggenbrote bleiben sehr lange frisch.

Roggenmischbrot
Roggenmischbrot enthält mehr als 50 % aber weniger als 90 % Roggenmehl. Je geringer der Roggenanteil und der Anteil des Sauerteiges sind, desto milder schmecken die Roggenmischbrote. In Deutschland ist diese Variante das meistgekaufte Brot, da es fast so gesund wie Vollkornbrot ist. Dazu gehören Landmischbrote, Frankenlaib, Heidebrot und Bayerisches Hausbrot. Im Brotkasten halten sich Roggenmischbrote fast fünf Tage.

Aus unserer Brot-Backstube

Weizenmischbrot
Bei den Weizenmischbroten liegt der Weizenanteil ebenso zwischen 50 % und 90 %. Meistens wird das Weizenmehl mit Roggenmehl gemischt, was dem Brot einen herzhaften Geschmack und längere Haltbarkeit gibt. Ein hoher Weizenanteil begünstigt die Volumenentwicklung, wobei die Lockerung durch Backhefe erreicht wird. Bei einem höheren Roggenanteil wird das Mischbrot mit Hefe und Sauerteig gebacken. Bekannte Weizenmischbrote sind Schwarzwälder Brot, Bauernstuten und Weizenmisch-Toastbrot. Sie schmecken deutlich milder als Roggenmischbrote und werden schneller altbacken.

Vollkornbrot
Die bereits genannten Brotsorten gibt es auch in Vollkornvarianten. Bei der Herstellung wird Vollkornmehl oder Vollkornschrot verwendet, in denen noch alle Bestandteile des Korns enthalten sind. Die gesunden Vitamine, Mineralien und Ballaststoffe stecken in den Randschichten des Getreides, während im Inneren Stärke und Eiweiß sind. Die Farbpalette bei Vollkornbrot reicht von hellem goldbraun bis dunkelbraun. Dies hängt von der Verarbeitung des Korns ab, ob das Korn fein vermahlen, als grober Schrot oder mit einem Teil ganzer Körner verarbeitet wird. Vollkornbrote erkennt man daran, dass ihr Inneres bröselig ist und kleine Poren hat. Vollkornbrote schmecken würzig und halten sich im Brotkasten bis zu einer Woche.

Spezialbrot
Neben den klassischen Broten gibt es noch viele Spezialbrote. Meist geben die besonderen Zutaten oder die Zubereitung diesen Backwaren den Namen. Je nach Rezept werden dem Teig beispielsweise zusätzliche Getreidearten zugesetzt. So haben Sie die Wahl zwischen verschiedenen Mehrkornbroten, die mindestens drei verschiedene Getreidearten enthalten, wobei jede Getreidesorte zu mindestens 5 % enthalten sein muss. Weitere Spezialbrotsorten, die mit besonderen Getreidearten gebacken werden, sind Sonnenblumenkernbrot, Leinsamenbrot, Kürbiskernbrot oder Haferbrot. Zu den Spezialbroten, die mit einer speziellen Teigführung hergestellt werden, gehört der genetzte Laib. Manche Varianten der Spezialbrote durchlaufen auch ein besonderes Backverfahren. Dazu zählen die Holzofenbrote, die rustikal im Holzofen gebacken werden aber auch das Knäckebrot, ein Trockenflachbrot, welches neben Vollkornschrot, Vollkornmehl oder Mehl aus Roggen und Weizen auch Nüsse, Ölsaaten oder Kerne enthalten kann. Für Menschen mit empfindsamem Magen gibt es auch Spezialbrote, die im Rahmen einer Diät gegessen werden, wie etwa eiweißarmes, glutenfreies oder kalorienarmes Brot.

Pfälzer Zwiebelbrote
Seite 90

Sauerrahmbrötchen
Seite 108

Haferflockenbrötchen
Seite 124

Butter-Mohn-Hirse-Stangen
Seite 136

Käserollen
Seite 142

Herstellung

Das Backen von Brot ist für jeden erlernbar. Früher hat jede Familie ihr eigenes Brot gebacken. Wichtig für ein gutes Gelingen der Backwaren sind zum einen die richtige Teigzubereitung, mit dem Kneten und Ruhen des Teiges, und der Backvorgang selbst. Bei der Zubereitung des Teiges ist es wesentlich, das gut gesiebte Mehl und die je nach Rezept benötigten Zutaten mit dem Wasser gründlich zu verkneten. Eine Teigmaschine kann dabei sehr hilfreich sein.

Für Roggenbrote reicht es den Teig kürzer, mit einer langsam drehenden Knetmaschine, zu vermischen. Weizenmehlteige dagegen sollten länger und schneller geknetet werden, damit sie beim Backen eine stabilere Krume bilden. Nach dem Kneten muss der Teig unbedingt ruhen, damit das Lockerungsmittel seine Wirkung entfalten kann und die quellfähigen Zutaten Wasser binden. Danach wird der Teig zu seiner entsprechenden Form geknetet. In der weiteren Gärphase, der so genannten Stückgare, bekommt der Teig seine vollständige Lockerung.

Die Backtemperatur ebenso wie die Backdauer beeinflussen den Geschmack, die Beschaffenheit und die Farbe des Brotes entscheidend. Beim Backen wird durch die Hitze der Teig zunächst aufgelockert und dann verfestigt. Durch die hohen Temperaturen quillt die Stärke und gerinnt das Eiweiß. Dadurch erhalten die Krume ihre Poren und die Kruste die Röst- und Aromastoffe.

Für ein optimales Ergebnis sollte die Temperatur bei etwa 230 bis 250 °C liegen. Geben Sie ein Behältnis mit Wasser mit in den Backofen, damit ihr selbst gebackenes Brot auch während des Backvorgangs entsprechend aufgehen kann. Nach der erreichten Backdauer müssen Sie kontrollieren, ob Ihr Brot fertig ist. Klopfen Sie dazu auf den Boden des Brotes. Wenn es hohl klingt, ist es fertig und Sie können es dem Backofen entnehmen. Nur Sauerteigbrote sollten im Backofen auskühlen. Wer für die ganzen Arbeitsgänge nicht die nötige Zeit hat, kann auch einen Brotbackautomaten verwenden. So brauchen Sie den Teig nicht selbst kneten und sparen sich viele Arbeitsgänge. Zudem zeigt Ihnen der Automat an, wann das Brot fertig ist.

Lagerung

Frisch gebackenes Brot schmeckt immer am besten. Bei richtiger Aufbewahrung kann es aber auch länger frisch und delikat schmecken. Die Lagerdauer richtet sich immer nach der Art der Backware. Weißbrot und Brötchen sollte man innerhalb von zwei Tagen verzehren.

Brote mit einem hohen Roggenanteil lassen sich auch problemlos bis zu einer Woche lagern, da der Roggen die Feuchtigkeit im Brot viel länger hält. Unverpacktes Brot hält sich in sauberen, trockenen und belüfteten Behältnissen und bei einer Temperatur von 12–18 °C am besten.

Gut eignen sich Brottöpfe aus Keramik, Brotkästen aus Holz oder Plastik sowie Brotsäcke aus Stoff oder Plastik. Wenn Sie dann noch das Brot mit der Schnittfläche nach unten lagern, ist das

Backwerk besonders gut vor dem Austrocknen geschützt. Wenn Sie Ihr Brot im Kühlschrank lagern, schmeckt es schnell altbacken. Dies ist daher nur bei sehr schwülem Wetter empfehlenswert. Brot für den Vorrat können Sie im ganzen Laib oder in Scheiben geschnitten gut einfrieren. Es lässt sich bei Zimmertemperatur einfach auftauen.

Da Brot zu den leicht verderblichen Lebensmitteln gehört, sollten Sie es immer auf Schimmelbildung hin kontrollieren. Es empfiehlt sich zudem täglich die Brotkrümel aus dem Behälter zu entfernen und diesen wenn möglich regelmäßig mit Essigwasser zu reinigen.

Kirsch-Hefe-Brot
Seite 168

OFENFRISCHES FÜR BROTLIEBHABER

Erntedank-Brot

ZUTATEN

225 g dunkles Weizenmehl Type 1050
300 g Roggenmehl Type 997
40 g Frischhefe
40 g Sauerteig
1 ½ TL Salz
450 ml warmes Wasser
50 g geschälte Sonnenblumenkerne
50 g Kürbiskerne

Außerdem:
Butter zum Ausfetten
Sonnenblumenkerne, Mohn und Sesamsamen zum Ausstreuen

Tipp:
Öl und Samen des Sesam sind in der Küche gleichermaßen von Bedeutung. Sesamsamen haben einen leicht nussigen, süßen Geschmack und einen köstlichen, knusprigen Biß.

Menge:
Für 1 Brot:

Schwierigkeit:
leicht

Zubereitungszeit:
80 Minuten
ohne Wartezeit

ZUBEREITUNG

1. Das Weizenmehl und das Roggenmehl in eine Schüssel sieben. Die zerbröckelte Hefe, den Sauerteig und das Salz dazugeben.

2. Das warme Wasser angießen und die Zutaten mit dem Knethaken der Küchenmaschine zu einem glatten Teig verkneten.

3. Die Sonnenblumenkerne und die Kürbiskerne unterkneten.

4. Den Teig in eine ausgefettete, mit Sonnenblumenkernen, Mohn und Sesamsamen ausgestreute Blütenform (26 cm Durchmesser) füllen und an einem warmen Ort zugedeckt zur doppelten Menge aufgehen lassen.

5. Das Erntedank-Brot im auf 200 °C vorgeheizten Backofen etwa 60 Minuten backen, herausnehmen und auf einem Kuchengitter erkalten lassen.

Kürbiskernbrot

ZUTATEN

70 g Weizenschrot
260 g Brotmehl (Type 1050)
130 g Roggenmehl (Type 1150)
20 g Frischhefe
1 ½ gestrichene TL Salz
15 g Sauerteigpulver
360 ml warmes Wasser
3 EL Kürbiskerne

Außerdem:
Wasser zum Bestreichen
Sonnenblumenkerne und Kürbiskerne zum Bestreuen

ZUBEREITUNG

1. Den Weizenschrot, das Brotmehl und das Roggenmehl in einer Schüssel vermischen.

2. Die zerbröckelte Frischhefe, das Salz, das Sauerteigpulver, das Wasser und die Kürbiskerne dazugeben und die Zutaten mit dem Knethaken der Küchenmaschine zu einem glatten Teig verkneten.

3. Den Teig zu einem Laib formen, auf ein mit Backpapier ausgelegtes Backblech setzen und zugedeckt an einem warmen Ort zur doppelten Menge aufgehen lassen.

4. Den Laib mit Wasser bestreichen, mit Sonnenblumenkernen und Kürbiskernen bestreuen.

5. Das Kürbiskernbrot in dem auf 220 °C vorgeheizten Backofen 50–60 Minuten backen, aus dem Ofen nehmen, erkalten lassen und servieren.

Tipp:

Die essbaren Kürbiskerne stammen von einer speziellen Kürbissorte, dem steirischen Ölkürbis. Er wird heute vor allem in Österreich, Slowenien, Ungarn und der Schweiz angebaut. Diese Kürbissamen sind im Gegensatz zu anderen nicht verholzt, sondern nur von einem dünnen, feinen Häutchen umschlossen. Kürbiskerne sind besonders reich an Vitamin E und den Mineralstoffen Zink und Selen. Auch das daraus gewonnene Kürbiskernöl strotzt vor gesundheitsfördernden Inhaltsstoffen.

Menge:
Für 1 Brot:

Schwierigkeit:
leicht

Zubereitungszeit:
80 Minuten ohne Wartezeit

Dinkelbrot mit Sojakernen

ZUTATEN

375 g Dinkelvollkornmehl
1 TL Salz
15 g Sauerteigpulver
1 EL Malz
½ Würfel Frischhefe
250–260 ml Wasser
3 EL Sojakerne

ZUBEREITUNG

1. Das Mehl mit dem Salz, dem Sauerteigpulver, dem Malz, der zerbröckelten Frischhefe und dem Wasser in eine Schüssel geben und mit dem Knethaken der Küchenmaschine zu einem glatten Teig verkneten.

2. Die Sojakerne hinzufügen und einarbeiten.

3. Den Teig zu einem Laib formen, auf ein mit Backpapier ausgelegtes Backblech setzen und zugedeckt an einem warmen Ort zur doppelten Menge aufgehen lassen.

4. Das Dinkelbrot in dem auf 220 °C vorgeheizten Backofen 60 Minuten backen, herausnehmen, erkalten lassen und servieren.

Variation:

Dinkel gilt – selbst bei Nahrungsmittelallergien – als äusserst verträglich und scheint eine positive Wirkung auf den Körper, insbesondere auf die Verdauung zu haben. Dinkel enthält eine Vielzahl von Vitalstoffen.
Pro 100 Gramm sind unter anderem, 63 g Kohlenhydrate und 10 g Eiweiß enthalten. Vertreten sind die Vitamine Riboflavin – Vitamin B2, Niacin, auch Nicotinsäure oder Vitamin B3 genannt, Pyridoxin – Vitamin B6, Vitamin A, C und E. An Mineralstoffen bietet Dinkel Natrium, Kalium, Kalzium, Phospor, einen hohen Magnesiumanteil und sogar Eisen.

Menge:
Für 1 Brot:

Schwierigkeit:
leicht

Zubereitungszeit:
80 Minuten ohne Wartezeit

Roggenbrot mit Kümmel

ZUTATEN

250 g Roggenmehl (Type 1150)
100 g Brotmehl (Type 1050)
½ Würfel Frischhefe
20 g Sauerteigpulver
1 gestrichener TL Salz
250–300 ml heißes Wasser
1 EL Kümmel

Menge:
Für 1 Brot:

Schwierigkeit:
leicht

Zubereitungszeit:
80 Minuten
ohne Wartezeit

ZUBEREITUNG

1. Das Roggenmehl und das Brotmehl in eine Schüssel geben. Die zerbröckelte Frischhefe, das Sauerteigpulver, das Salz, das heiße Wasser und den Kümmel hinzufügen und die Zutaten mit dem Knethaken der Küchenmaschine zu einem glatten Teig verkneten.

2. Den Teig zu einem länglichen Laib formen, auf ein mit Backpapier ausgelegtes Backblech setzen und einige Male diagonal einschneiden.

3. Den Laib zugedeckt an einem warmen Ort zur doppelten Menge aufgehen lassen.

4. Das Roggenbrot in dem auf 220 °C vorgeheizten Backofen etwa 55–60 Minuten backen, herausnehmen, erkalten lassen und servieren.

Saatenbrot

(ohne Abbildung)

ZUTATEN

290 g Brotmehl (Type 1050)
125 g Weizenschrot
160 g Roggenmehl (Type 1150)
25 g Frischhefe
20 g Sauerteigpulver
1 gehäufter TL Salz
450 ml warmes Wasser
2 EL Sesamsamen
2 EL Sonnenblumenkerne
2 EL Leinsamen

Außerdem:
Wasser zum Bestreichen

Menge:
Für 1 Brot:

Schwierigkeit:
leicht

Zubereitungszeit:
80 Minuten
ohne Wartezeit

ZUBEREITUNG

1. Das Brotmehl, den Weizenschrot und das Roggenmehl in einer Schüssel vermischen.

2. Die zerbröckelte Frischhefe, das Sauerteigpulver, das Salz und das Wasser dazugeben.

3. Die Hälfte der Sesamsamen, der Sonnenblumenkerne und des Leinsamens darüberstreuen und die Zutaten mit dem Knethaken der Küchenmaschine zu einem glatten Teig verkneten.

4. Den Teig zu einem runden Laib formen, diesen auf ein mit Backpapier ausgelegtes Backblech setzen, mit Wasser bestreichen, mit den restlichen Saaten bestreuen und der Länge nach einschneiden. Den Laib zugedeckt an einem warmen Ort zur doppelten Menge aufgehen lassen.

5. Das Saatenbrot im auf 220 °C vorgeheizten Backofen etwa 50–60 Minuten backen, aus dem Ofen nehmen, erkalten lassen und servieren.

Sesambrot

ZUTATEN

200 g Roggenmehl (Type 1150)
370 g Brotmehl (Type 1050)
100 g Roggenschrot
20 g Frischhefe
20 g Sauerteigpulver
1 ½ TL Salz
540 ml warmes Wasser
Wasser zum Bestreichen
1 EL Sesamsamen
Butter zum Ausfetten

Menge:
Für 1 Brot:

Schwierigkeit:
leicht

Zubereitungszeit:
70 Minuten
ohne Wartezeit

ZUBEREITUNG

1. Das Roggenmehl, das Brotmehl und den Roggenschrot in einer Schüssel vermischen.

2. Die zerbröckelte Frischhefe, das Sauerteigpulver, das Salz und das warme Wasser dazugeben und die Zutaten mit dem Knethaken der Küchenmaschine zu einem glatten Teig verkneten.

3. Den Teig zu einem Laib in der Größe einer großen Kastenform formen, mit Wasser bestreichen, mit den Sesamsamen bestreuen, in die ausgefettete Form legen und zugedeckt an einem warmen Ort zur doppelten Menge aufgehen lassen.

4. Das Sesambrot im auf 220 °C vorgeheizten Backofen etwa 45–50 Minuten backen, aus dem Ofen nehmen, erkalten lassen und servieren.

Kerniges Vollkornbrot

(ohne Abbildung)

ZUTATEN

250 g Weizenvollkornschrot
500 ml heißes Wasser
250 g Brotmehl (Type 1050)
1 Würfel Frischhefe
2 gestrichene TL Salz
1 EL Leinsamen
2 EL Kürbiskerne
1 EL Sonnenblumenkerne
1 EL Sojakerne
Fett zum Ausfetten

Menge:
Für 1 Brot:

Schwierigkeit:
leicht

Zubereitungszeit:
80 Minuten
ohne Wartezeit

ZUBEREITUNG

1. Den Weizenvollkornschrot mit dem heißen Wasser übergießen und 1–2 Stunden einweichen.

2. Das Brotmehl in eine Schüssel sieben, die zerbröckelte Hefe, das Salz, den Leinsamen, die Kürbiskerne, die Sonnenblumenkerne und die Sojakerne dazugeben.

3. Den eingeweichten Vollkornschrot hinzufügen und die Zutaten mit dem Knethaken der Küchenmaschine zu einem weichen Teig verkneten.

4. Den Teig mit nassen Händen in eine gefettete Kastenform legen und zugedeckt an einem warmen Ort solange gehen lassen, bis der Rand der Kastenform erreicht ist.

5. Das Vollkornbrot in dem auf 200–220 °C vorgeheizten Backofen 65–70 Minuten backen, herausnehmen und gut auskühlen lassen.

Sesam-Fladenbrot

ZUTATEN

500 g Weizenmehl (Type 405)
50 ml Olivenöl
40 g Frischhefe
1 EL Malz
2 gestrichene TL Salz
230 ml warmes Wasser

Außerdem:
50 g Sesamsamen

Tipp:
Sesam enthält wichtige Mineralstoffe und Vitamine, dazu reichlich essentielle Fettsäuren.

ZUBEREITUNG

1. Das gesiebte Mehl mit dem Olivenöl, der zerbröckelten Frischhefe, dem Malz, dem Salz, dem warmem Wasser und 30 g Sesamsamen in eine Schüssel geben und mit dem Knethaken der Küchenmaschine zu einem glatten Teig verkneten.

2. Den Teig in zwei Portionen teilen, diese zu runden Fladen formen und mit dem restlichen Sesam bestreuen.

3. Die Fladen auf ein mit Backpapier ausgelegtes Backblech setzen und zugedeckt an einem warmen Ort zur doppelten Menge aufgehen lassen.

4. Die Sesam-Fladenbrote im auf 220 °C vorgeheizten Backofen etwa 40–45 Minuten backen, aus dem Ofen nehmen, erkalten lassen und servieren.

Menge:
Für 2 Brote:

Schwierigkeit:
leicht

Zubereitungszeit:
60 Minuten
ohne Wartezeit

Vollkornbrot

ZUTATEN

250 g Weizenvollkornschrot
500 ml heißes Wasser
200 g Vollkornmehl
100 g Weizenmehl (Type 405)
1 Würfel Frischhefe
2 gestrichene TL Salz

Außerdem:
Butter zum Ausfetten
Mehl zum Bestäuben

Menge:
Für 1 Brot:

Schwierigkeit:
leicht

Zubereitungszeit:
80 Minuten
ohne Wartezeit

ZUBEREITUNG

1. Den Weizenvollkornschrot mit heißem Wasser übergießen und 1–2 Stunden einweichen.

2. Das Vollkornmehl, das Weizenmehl, die zerbröckelte Frischhefe und das Salz dazugeben und die Zutaten mit dem Knethaken der Küchenmaschine zu einem glatten Teig verkneten.

3. Den Teig in eine ausgefettete Kastenform füllen, der Länge nach leicht einschneiden, mit Mehl bestäuben und zugedeckt an einem warmen Ort zur doppelten Menge aufgehen lassen.

4. Das Vollkornbrot im auf 220 °C vorgeheizten Backofen etwa 60–70 Minuten backen, aus dem Ofen nehmen, erkalten lassen und servieren.

Kraftkernbrot

(ohne Abbildung)

ZUTATEN

50 g Weizenschrot
275 g Brotmehl (Type 1050)
125 g Roggenmehl (Type 1150)
20 g Frischhefe
1 ½ gestrichene TL Salz
15 g Sauerteigpulver
350 ml warmes Wasser
1 EL Kürbiskerne
1 EL Sesamsamen
1 EL Sonnenblumenkerne

Außerdem:
Butter zum Ausfetten
Kürbiskerne zum Ausstreuen

Menge:
Für 2 Brote:

Schwierigkeit:
leicht

Zubereitungszeit:
70 Minuten
ohne Wartezeit

ZUBEREITUNG

1. Den Weizenschrot, das Brotmehl und das Roggenmehl in einer Schüssel vermischen.

2. Die zerbröckelte Frischhefe, das Salz, das Sauerteigpulver und das Wasser dazugeben und die Zutaten mit dem Knethaken der Küchenmaschine zu einem glatten Teig verkneten.

3. Zum Schluss die Kürbiskerne, den Sesam und die Sonnenblumenkerne einarbeiten.

4. Den Teig in zwei Portionen teilen und diese in ausgefettete, mit Kürbiskernen bestreute, runde Formen legen und mit Mehl bestäuben.

5. Den Teig zugedeckt an einem warmen Ort zur doppelten Menge aufgehen lassen.

6. Die Kraftkernbrote in dem auf 200 °C vorgeheizten Backofen etwa 50 Minuten backen, herausnehmen, erkalten lassen und servieren.

Haferflockenbrot

ZUTATEN

500 g Weizenvollkornmehl (Type 1700)
100 g kernige Haferflocken
30 g Frischhefe
200–250 ml Buttermilch
100 g Magerquark
1 TL Salz
40 g weiche Butter
30 g Sesamsamen

Außerdem:
Butter zum Ausfetten
Wasser zum Bestreichen
Haferflocken zum Bestreuen

Variation:
Sie können statt des Sesams auch frische gemischte Kräuter verwenden. So erhalten Sie ein perfektes und köstliches Kräuterbrot.

ZUBEREITUNG

1. Das Mehl mit den Haferflocken in einer Schüssel vermischen. Die zerbröckelte Hefe und die leicht erwärmte Buttermilch dazugeben.

2. Den Magerquark, das Salz, die weiche Butter und den Sesam hinzufügen und die Zutaten mit dem Knethaken der Küchenmaschine zu einem glatten Teig verkneten.

3. Den Teig in eine ausgefettete Kastenform füllen und zugedeckt an einem warmen Ort zur doppelten Menge aufgehen lassen.

4. Die Oberfläche mit Wasser bestreichen und mit Haferflocken bestreuen.

5. Das Brot in dem auf 180–200 °C vorgeheizten Backofen etwa 50–60 Minuten backen, herausnehmen und erkalten lassen.

Menge:
Für 1 Brot:

Schwierigkeit:
leicht

Zubereitungszeit:
80 Minuten ohne Wartezeit

Sonnenbrot

ZUTATEN

120 g Roggenmehl (Type 1150)
120 g Brotmehl (Type 1050)
120 g Weizenmehl (Type 405)
10 g Sauerteigpulver
½ Würfel Frischhefe
1 TL Salz
3 EL Sonnenblumenkerne
250 ml warmes Wasser

Tipp:
Sonnenblumenkerne sind gesund, weil sie zur Hälfte aus Fett, zu einem Viertel aus Eiweiß und einem Fünftel aus Kohlenhydraten bestehen. 90 Prozent des Fettes sind ungesättigte Fettsäuren. Zu den Nährstoffen gesellen sich Vitamine und Mineralstoffe. Vor allem die Vitamine B1, B2 und B6 sowie das Vitamin A sind reichlich vorhanden. Zusätzlich finden wir noch Magnesium, Kalzium und Karotin. Sonnenblumenkerne haben ein angenehm nussiges und mildes Aroma und eine feste Konsistenz.

Menge:
Für 1 Brot:

Schwierigkeit:
leicht

Zubereitungszeit:
80 Minuten
ohne Wartezeit

ZUBEREITUNG

1. Das Roggenmehl, das Brotmehl und das Weizenmehl in einer Schüssel vermischen.

2. Das Sauerteigpulver, die zerbröckelte Hefe und das Salz dazugeben.

3. Die Sonnenblumenkerne und das warme Wasser einrühren und mit dem Knethaken der Küchenmaschine zu einem glatten Teig verkneten.

4. Den Teig zu einem runden Laib formen. Die Oberfläche rundherum 6- bis 8-mal in der Form einer Sonnenblume mit dem Messer einschneiden.

5. Auf ein mit Backpapier ausgelegtes Backblech legen und zugedeckt an einem warmen Ort zur doppelten Menge aufgehen lassen.

6. Das Sonnenbrot in dem auf 220 °C vorgeheizten Backofen ca. 60 Minuten backen, aus dem Ofen nehmen und vollständig auskühlen lassen.

Bauernzopfbrot

ZUTATEN

200 g Roggenmehl (Type 1150)
75 g Brotmehl (Type 1050)
75 g Weizenmehl (Type 405)
½ Würfel Frischhefe
15 g Sauerteigpulver
1 TL Salz
250 ml warmes Wasser

Außerdem:
Butter zum Ausfetten

Menge:
Für 1 Brot:

Schwierigkeit:
mittel

Zubereitungszeit:
80 Minuten
ohne Wartezeit

ZUBEREITUNG

1. Das Roggenmehl, das Brotmehl und das Weizenmehl in einer Schüssel vermischen.

2. Die zerbröckelte Frischhefe, das Sauerteigpulver, das Salz und das warme Wasser dazugeben und die Zutaten mit dem Knethaken der Küchenmaschine zu einem glatten Teig verkneten.

3. Den Teig in drei Portionen teilen, diese zu Rollen drehen und zu einem Zopf flechten.

4. Den Zopf in eine ausgefettete Kastenform legen und zugedeckt an einem warmen Ort zur doppelten Menge aufgehen lassen.

5. Das Bauernzopfbrot in dem auf 220 °C vorgeheizten Ofen etwa 60 Minuten backen, aus dem Ofen nehmen, erkalten lassen und servieren.

Topfbrot

(ohne Abbildung)

ZUTATEN

300 g Brotmehl (Type 1050)
400 g Roggenmehl (Type 1150)
30 g Sauerteigpulver
1 Würfel Frischhefe
1 TL Zucker
600 ml lauwarmes Wasser
2 TL Salz

Außerdem:
Fett zum Ausfetten
Wasser zum Bestreichen
Kürbiskerne zum Verzieren
1 EL Zuckerrübensirup

Menge:
Für 1 Brot:

Schwierigkeit:
mittel

Zubereitungszeit:
80 Minuten
ohne Wartezeit

ZUBEREITUNG

1. Das Brotmehl, das Roggenmehl und das Sauerteigpulver vermischen, in eine Schüssel sieben und eine Mulde eindrücken.

2. Die Hefe hineinbröckeln, das lauwarme Wasser und den Zucker dazugeben.

3. Das Salz so auf das Mehl streuen, dass es nicht mit der Hefe in Berührung kommt. Die Zutaten mit dem Knethaken der Küchenmaschine zu einem glatten Teig verkneten.

4. Etwas Teig abnehmen und aus diesem einige Blätter ausschneiden.

5. Den Teig in eine ausgefettete Form legen und zugedeckt zur doppelten Menge aufgehen lassen. Das Brot mit Wasser bestreichen, mit Kürbiskernen und den Teigblättern verzieren.

6. Das Topfbrot im auf 200 °C vorgeheizten Backofen etwa eine Stunde backen. Nach Ende der Backzeit das Topfbrot aus dem Ofen nehmen und noch warm mit Zuckerrübensirup glasieren.

Zwiebel-Speck-Brot

ZUTATEN

250 g Brotmehl (Type 1050)
150 g Weizenmehl (Type 405)
10 g Sauerteigpulver
½ Würfel Frischhefe
ca. 260 ml warmes Wasser
1 TL Salz
100–150 g gewürfelter Speck
1 Zwiebel

Menge:
Für 1 Brot:

Schwierigkeit:
leicht

Zubereitungszeit:
80 Minuten
ohne Wartezeit

ZUBEREITUNG

1. Das Brotmehl und das Weizenmehl in eine Schüssel sieben. Das Sauerteigpulver, die zerbröckelte Frischhefe, das warme Wasser und das Salz dazugeben und die Zutaten mit dem Knethaken der Küchenmaschine zu einem glatten Teig verkneten.

2. Die Speckwürfel in einer Pfanne braten. Die Zwiebel schälen, fein würfeln, zum Speck geben und mitbraten, vom Herd nehmen und abkühlen lassen.

3. Die Speck-Zwiebel-Mischung zum Teig geben und unter den Brotteig arbeiten.

4. Den Brotteig zu einem Laib formen, auf ein mit Backpapier ausgelegtes Backblech legen, der Länge nach einschneiden und zugedeckt an einem warmen Ort zur doppelten Menge aufgehen lassen.

5. Das Zwiebel-Speck-Brot im auf 220 °C vorgeheizten Ofen etwa 60 Minuten backen, herausnehmen, erkalten lassen und servieren.

Schneckenbrot

(ohne Abbildung)

ZUTATEN

100 g Weizenmehl (Type 405)
100 g Roggenmehl (Type 1150)
100 g Brotmehl (Type 1050)
10 g Sauerteigpulver
½ Würfel Frischhefe
½ TL Salz
½ TL Brotgewürz
200–220 ml warmes Wasser
Mehl zum Bestäuben

Menge:
Für 1 Brot:

Schwierigkeit:
mittel

Zubereitungszeit:
80 Minuten
ohne Wartezeit

ZUBEREITUNG

1. Die Mehlsorten in eine Schüssel sieben. Das Sauerteigpulver, die zerbröckelte Frischhefe, das Salz, das Brotgewürz und das warme Wasser dazugeben.

2. Die Zutaten mit dem Knethaken der Küchenmaschine zu einem glatten Teig verkneten. Den Teig auf einer bemehlten Arbeitsfläche zu einer Rolle formen und diese schneckenförmig auf ein mit Backpapier ausgelegtes Backblech setzen.

3. Den Teig zugedeckt an einem warmen Ort zur doppelten Menge aufgehen lassen.

4. Das Schneckenbrot leicht mit Mehl bestäuben und in dem auf 220 °C vorgeheizten Backofen 60 Minuten backen.

5. Nach Ende der Backzeit das Schneckenbrot aus dem Ofen nehmen, erkalten lassen und servieren.

Roggenkrustenbrot

ZUTATEN

225 g Brotmehl (Type 1050)
300 g Roggenmehl (Type 1150)
1 Würfel Frischhefe
40 g Sauerteigpulver
1 ½ TL Salz
450 ml warmes Wasser

Außerdem:
Mehl zum Bestäuben

Variation:
Sehr gut schmeckt das Roggenkrustenbrot, wenn Sie den Teig noch mit gemahlenem Kümmel, etwas Korianderpulver und 1–2 EL gerebeltem Majoran würzen.

ZUBEREITUNG

1. Das Brotmehl mit dem Roggenmehl, der zerbröckelten Hefe und dem Sauerteigpulver in einer Schüssel vermischen.

2. Das Salz und das Wasser dazugeben und alles zu einem glatten, kompakten Teig verkneten.

3. Aus dem Teig einen länglichen Laib formen und mit Mehl bestäuben.

4. Mit einem scharfen Messer in die Oberfläche abwechselnd von rechts und links Kerben einschneiden.

5. Den Laib auf ein mit Backpapier ausgelegtes Backblech legen und zugedeckt an einem warmen Ort zur doppelten Menge aufgehen lassen.

6. Das Roggenkrustenbrot im auf 220 °C vorgeheizten Backofen etwa 60 Minuten backen, aus dem Ofen nehmen und vollständig auskühlen lassen.

Menge:
Für 1 Brot:

Schwierigkeit:
leicht

Zubereitungszeit:
80 Minuten
ohne Wartezeit

Gewürzbrot

ZUTATEN

300 g Roggenmehl (Type 1150)
300 g Weizenschrot
1 EL Salz
350 ml lauwarmes Wasser
25 g Frischhefe
50 g Margarine
1 EL Sesamsamen
2 EL Röstzwiebeln
3 EL gemischte Kräuter (Thymian, Oregano, Rosmarin)
1 Msp. schwarzer Pfeffer
Fett zum Ausfetten
Milch zum Bestreichen

Variation:
Thymian, Oregano und Rosmarin sind die idealen Kräuter für ein mediterranes Aroma, wenn Sie sich dann noch trauen 1–2 EL Knoblauchpüree unter den Teig zu arbeiten, dann sind Sie schon fast ein Italienischer Brotbäcker.

Menge:
Für 1 Brot:

Schwierigkeit:
mittel

Zubereitungszeit:
80 Minuten
ohne Wartezeit

ZUBEREITUNG

1. Das Roggenmehl und den Weizenschrot mit dem Salz in eine Schüssel sieben. Das lauwarme Wasser, die zerbröckelte Hefe und die zerlassene, abgekühlte Margarine zum Mehl geben.

2. Die Zutaten mit dem Knethaken der Küchenmaschine zu einem glatten Teig verkneten.

3. Die Sesamsamen, die Röstzwiebeln, die verlesenen, gewaschenen und fein geschnittenen Kräuter und den schwarzen Pfeffer untermischen.

4. Den Teig nochmals verkneten, drei Viertel des Teiges in eine ausgefettete Kastenform legen und mit der Milch bestreichen.

5. Den restlichen Teig zu zwei Rollen formen, diese umeinander schlingen und auf den Teig legen.

6. Den Teig zugedeckt an einem warmen Ort zur doppelten Menge aufgehen lassen, mit Milch bestreichen und in dem auf 200 °C vorgeheizten Backofen 40–45 Minuten backen.

7. Das Gewürzbrot aus dem Ofen nehmen, erkalten lassen und servieren.

Kasseler im Brotteig

ZUTATEN

Für den Teig:
100 g Roggenmehl (Type 1150)
100 g Weizenmehl (Type 405)
200 g Brotmehl (Type 1050)
½ Würfel Frischhefe
10 g Sauerteigpulver
½ TL Salz
250–300 ml warmes Wasser

Außerdem:
1 kg gekochtes Kasseler ohne Knochen

Variation:

Das Kasseler im Brotteig ist zwar das Orginal, doch sollten Sie statt dem gepökelten, gekochten Rücken auch einmal ein gepökeltes und gekochtes Halsstück versuchen. Das Halsstück wird weitaus saftiger als der Rücken der einfach magerer ist und nicht von Fett durchzogen wird.

Menge:
Für 1 Brot:

Schwierigkeit:
mittel

Zubereitungszeit:
90 Minuten
ohne Wartezeit

ZUBEREITUNG

1. Das Roggenmehl, das Weizenmehl und das Brotmehl in einer Schüssel vermischen.

2. Die zerbröckelte Frischhefe, das Sauerteigpulver, das Salz und das warme Wasser dazugeben und die Zutaten mit dem Knethaken der Küchenmaschine zu einem glatten Teig verkneten.

3. Den Teig zugedeckt an einem warmen Ort zur doppelten Menge aufgehen lassen, anschließend auf einer bemehlten Arbeitsfläche mit bemehlten Händen nochmals durchkneten.

4. Den Teig zu einem Rechteck ausrollen. Das Kasseler darauflegen, den Teig darüberklappen und die Naht gut verschließen.

5. Das Ganze auf ein mit Backpapier ausgelegtes Backblech setzen und weitere 30 Minuten gehen lassen.

6. Den Teig karoförmig einschneiden, mit Wasser bestreichen und in dem auf 220 °C vorgeheizten Backofen 60 Minuten backen.

7. Nach Ende der Backzeit das Kasseler im Brotteig aus dem Backofen nehmen, in Scheiben schneiden, dekorativ anrichten und warm servieren.

Kräuterbrot

ZUTATEN

Für den Teig:
250 g Weizenmehl (Type 405)
250 g Brotmehl (Type 1050)
1 Würfel Frischhefe
1 TL Zucker
250 ml lauwarme Milch
50 g zerlassene Butter
½ TL Salz, 1 Ei

Für die Füllung:
1 Knoblauchzehe
1 Msp. Salz
1 EL Olivenöl
1 Eigelb
100 g gemischte Kräuter (Petersilie, Schnittlauch, Liebstöckel, Basilikum)
80–100 g entsteinte, grüne Oliven
50 g gemischte, gehackte Nüsse (Haselnüsse, Mandeln, Pistazien)

Außerdem:
Butter zum Ausfetten
Kaffeesahne zum Bestreichen
Sesamsamen zum Bestreuen

ZUBEREITUNG

1. Das Mehl mit der zerbröckelten Hefe, dem Zucker, der lauwarmen Milch, der zerlassenen Butter, dem Salz und dem Ei in eine Schüssel geben und mit dem Knethaken der Küchenmaschine zu einem glatten Teig verkneten.

2. Den Teig zugedeckt an einem warmen Ort zur doppelten Menge aufgehen lassen.

3. Den Teig auf einer bemehlten Arbeitsfläche zu einem Rechteck (30 x 40 cm) ausrollen.

4. Für die Füllung den Knoblauch schälen, fein hacken, mit dem Salz zu einer Paste zerreiben. Die Knoblauchpaste mit dem Olivenöl und dem Eigelb vermischen und den Teig damit bestreichen.

5. Die Kräuter verlesen, waschen, trocken tupfen, fein schneiden und auf dem Teig verteilen.

6. Die Oliven klein schneiden und mit den gehackten Nüssen auf den Teig streuen.

7. Den Teig von den beiden schmalen Seiten her zur Mitte hin einrollen und in eine ausgefettete Kastenform (30 cm Länge) legen.

8. Mit Kaffeesahne bestreichen, mit Sesam bestreuen und das Kräuterbrot im auf 200 °C vorgeheizten Backofen 50–60 Minuten backen, aus dem Ofen nehmen, erkalten lassen und servieren.

Menge:
Für 1 Brot:

Schwierigkeit:
mittel

Zubereitungszeit:
80 Minuten
ohne Wartezeit

Knoblauch:

Als Gewürz sucht der Knoblauch seinesgleichen und ist aus den Küchen der Welt nicht mehr wegzudenken. Ob in Südamerika, in Asien oder in Europa, selbst in den entferntesten Gegenden der Welt wird der Knoblauch verwendet. Für unsere Küche sollten Sie die frischen Zehen zuerst schälen, dann hacken und mit etwas Salz zerreiben. Durch dieses Zerreiben mit Salz verflüchtigen sich einige ätherische Öle, die vor allem beim Verzehr, speziell danach, über die Haut wieder ausgeschieden werden. Diese ätherischen Öle sind auch der Grund, dass soviele Menschen den doch sehr gesunden und feinen Knoblauchgeschmack nicht wünschen.

Sauerteig-Mischbrot

ZUTATEN

Für den Sauerteig:
400 g Roggenmehl (Type 1150)
400 ml warmes Wasser

Außerdem:
350 g Weizenmehl (Type 405)
300 g Roggenmehl (Type 1150)
1 Päckchen Trockenhefe
50 g gemischte, gehackte Nüsse
50 g Sonnenblumenkerne
1 gestrichener EL Salz
1 TL gemahlener Kardamom
Mehl zum Bestäuben

Tipp:
Wenn Sie Nüsse in der Brot-Backstube verwenden, sollten Sie immer darauf achten, dass keine Allergiker in Ihrer Familie sind. Gerade die Haselnüsse, Walnüsse und Erdnüsse können bei diesen Menschen gesundheitliche Probleme hervorrufen.

Menge:
Für 1 Brot:

Schwierigkeit:
mittel

Zubereitungszeit:
80 Minuten
ohne Wartezeit

ZUBEREITUNG

1. 100 g Roggenmehl mit 100 ml warmem Wasser in eine große Plastikschüssel mit Deckel geben, verrühren und zugedeckt 24 Stunden stehen lassen.

2. Am nächsten Tag weitere 100 g Roggenmehl und 100 ml Wasser einrühren und erneut zugedeckt 24 Stunden stehen lassen.

3. Am dritten Tag 200 g Roggenmehl und 200 ml Wasser einrühren und das Ganze nochmals 24 Stunden stehen lassen. Nun ist der Sauerteig fertig.

4. Das Weizenmehl mit dem Roggenmehl, der Trockenhefe, den gehackten Nüssen, den Sonnenblumenkernen, dem Salz und dem Kardamom zum Sauerteig geben und alles zu einem glatten Teig verkneten.

5. Den Teig 20–30 Minuten gehen lassen, nochmals durchkneten und zu einem runden Laib formen. Auf ein mit Backpapier ausgelegtes Backblech setzen, zudecken und erneut gehen lassen.

6. Das Sauerteig-Mischbrot leicht mit Mehl bestäuben, in dem auf 180–200 °C vorgeheizten Backofen etwa 60 Minuten backen, herausnehmen und erkalten lassen.

Zwiebel-Speck-Baguette

ZUTATEN

500 g Weizenmehl (Type 405)
1 Würfel Frischhefe
300 ml warmes Wasser
1 ½ gehäufte TL Salz
1 EL Malz

Außerdem:
200 g durchwachsener, gewürfelter Speck
½ Zwiebel
50 g geriebener Emmentaler oder Gouda

Variation:
Um das Zwiebel-Speck-Baguette etwas kalorien-freundlicher zu machen, können Sie statt des Specks auch roh geräucherten Schinken verwenden.

Menge:
Für 3 Brote:

Schwierigkeit:
leicht

Zubereitungszeit:
60 Minuten
ohne Wartezeit

ZUBEREITUNG

1. Das gesiebte Mehl mit der zerbröckelten Hefe, dem warmen Wasser, dem Salz und dem Malz in eine Schüssel geben und alles zu einem glatten Teig verkneten. Den Teig zugedeckt an einem warmen Ort gehen lassen.

2. Den Speck in eine Pfanne geben und auslassen. Die Zwiebel schälen, fein würfeln, zum Speck geben und andünsten. Vom Herd nehmen und abkühlen lassen.

3. Den Teig auf eine bemehlte Arbeitsfläche geben, die Speck-Zwiebel-Mischung und den Käse hinzufügen und alles verkneten. Zugedeckt an einem warmen Ort nochmals gehen lassen.

4. Den Teig in drei gleich große Stücke teilen und zu länglichen Rollen formen.

5. Auf ein mit Backpapier ausgelegtes Backblech setzen und die Rollen mit einem Messer mehrmals diagonal einschneiden.

6. Nochmals gehen lassen und anschließend im auf 200 °C vorgeheizten Backofen etwa 30–35 Minuten backen.

7. Die Zwiebel-Speck-Baguettes mit Käse aus dem Ofen nehmen, erkalten lassen und servieren.

Kartoffelbrot

ZUTATEN

250 g Kartoffeln
575 g Weizenmehl (Type 405)
1 Würfel Frischhefe
150 ml lauwarmes Wasser
150 ml lauwarme Milch
1 gehäufter TL Salz
1 Prise Muskat
50 g gehackte Walnüsse

Außerdem:
Butter zum Ausfetten
Mehl zum Bestäuben

Menge:
Für 2 Brote:

Schwierigkeit:
leicht

Zubereitungszeit:
80 Minuten ohne Wartezeit

ZUBEREITUNG

1. Die Kartoffeln in der Schale garen, abgießen, noch warm pellen und durch die Kartoffelpresse treiben. Das Mehl darübersieben.

2. Die Hefe in das lauwarme Wasser einrühren und mit der lauwarmen Milch zu den Kartoffeln geben.

3. Mit Salz und Muskat würzen, die gehackten Walnüsse dazugeben und die Zutaten zu einem glatten, weichen Teig verkneten.

4. Den Teig in zwei Portionen teilen, diese in ausgefettete Kastenformen setzen und zugedeckt an einem warmen Ort zur doppelten Größe aufgehen lassen.

5. Die Brote leicht mit Mehl bestäuben und im auf 180–200 °C vorgeheizten Backofen 50–60 Minuten backen.

6. Die fertigen Kartoffelbrote aus dem Backofen nehmen, erkalten lassen und servieren.

Walnussbrot

(ohne Abbildung)

ZUTATEN

250 g Weizenvollkornmehl
½ TL Salz
½ TL Zucker
1 Msp. Zimt
50 g gehackte Walnüsse
15 g Frischhefe
150 ml lauwarme Milch
25 g Margarine
Fett zum Ausfetten
Milch zum Bestreichen

Menge:
Für 1 Brot:

Schwierigkeit:
leicht

Zubereitungszeit:
60 Minuten ohne Wartezeit

ZUBEREITUNG

1. Das gesiebte Weizenvollkornmehl mit dem Salz, dem Zucker, dem Zimt und den gehackten Walnüssen in einer Schüssel vermischen.

2. Die zerbröckelte Hefe, die lauwarme Milch und die weiche Margarine dazugeben und alles zu einem glatten Teig verkneten.

3. Den Teig zu einem Brotlaib formen, diesen auf ein ausgefettetes Backblech setzen und zugedeckt an einem warmen Ort zur doppelten Menge aufgehen lassen.

4. Die Oberfläche mit Milch bestreichen, mit einem scharfen Messer mehrmals einschneiden und das Walnussbrot in dem auf 200 °C vorgeheizten Backofen 30–35 Minuten backen.

5. Das Walnussbrot aus dem Backofen nehmen, auf ein Kuchengitter setzen, erkalten lassen und servieren.

Blitzbrot

ZUTATEN

500 g Weizenvollkornmehl
2 EL Kräutersalz
40 g Frischhefe
250 ml warmes Wasser

Außerdem:
Butter zum Ausfetten
Mehl zum Bestäuben

ZUBEREITUNG

1. Das Weizenvollkornmehl in eine Schüssel sieben und das Salz untermischen.

2. Die zerbröckelte Frischhefe und das warme Wasser dazugeben und die Zutaten mit dem Knethaken der Küchenmaschine zu einem glatten Teig verkneten.

3. Den Teig in eine ausgefettete Kastenform füllen und zugedeckt an einem warmen Ort zur doppelten Menge aufgehen lassen.

4. Das Blitzbrot mit Mehl bestäuben, im auf 220 °C vorgeheizten Backofen 60 Minuten backen, herausnehmen und auf einem Kuchengitter erkalten lassen.

Tipp:
Damit der Brotteig schön aufgehen kann, muss die richtige Temperatur und das richtige Raumklima herrschen. Zugluft mag der Brotteig gar nicht. Achten Sie daher auf das richtige Raumklima beim Brot backen. Auch die Rührschüssel sowie die Zutaten, Wasser oder Milch sollten dem Rest wohl temperiert und bei Zimmertemperatur zugeführt werden.

Menge:
Für 1 Brot:

Schwierigkeit:
leicht

Zubereitungszeit:
80 Minuten
ohne Wartezeit

Bierbrot

ZUTATEN

250 g Weizenschrot
250 g Weizenvollkornmehl
40 g Hefe
2 TL Salz
½ TL Brotgewürz
340 ml Bier
80 g geschälte Sonnenblumenkerne

Außerdem:
Butter zum Ausfetten

Menge:
Für 1 Brot:

Schwierigkeit:
leicht

Zubereitungszeit:
80 Minuten
ohne Wartezeit

ZUBEREITUNG

1. Den Weizenschrot und das gesiebte Weizenvollkornmehl in eine Schüssel geben.

2. Die zerbröckelte Hefe, das Salz und das Brotgewürz dazugeben. Das Bier angießen und die Zutaten mit dem Knethaken des elektrischen Rührgerätes zu einem glatten Teig verkneten.

3. Die Sonnenblumenkerne unterkneten. Den Teig in eine ausgefettete Kastenform (11 x 24 cm) geben und an einem warmen Ort zugedeckt zur doppelten Menge aufgehen lassen.

4. Das Bierbrot in dem auf 190 °C vorgeheizten Backofen etwa 60 Minuten backen. Das fertige Brot aus dem Ofen nehmen und auf einem Kuchengitter erkalten lassen.

Schrotbrötchen

(ohne Abbildung)

ZUTATEN

200 g Mehl Type 550
200 g Weizenschrot
20 g Hefe
1 gestrichener TL Salz
1 EL Honig
60 ml Sonnenblumenöl
250 ml warme Milch

Menge:
Für 15 Stück:

Schwierigkeit:
leicht

Zubereitungszeit:
50 Minuten
ohne Wartezeit

ZUBEREITUNG

1. Das gesiebte Mehl und den Weizenschrot in eine Schüssel geben. Die zerbröckelte Hefe, das Salz, den Honig und das Sonnenblumenöl dazugeben.

2. Die warme Milch angießen und die Zutaten mit dem Knethaken des elektrischen Rührgerätes zu einem glatten Teig verkneten. Von dem Teig 15 Portionen à 50 g abwiegen, diese auf einer bemehlten Arbeitsfläche rund formen.

3. Mit einem Brötchenformer ein Muster eindrücken, die Brötchen auf ein mit Backpapier ausgelegtes Backblech setzen und zugedeckt an einem warmen Ort zur doppelten Menge aufgehen lassen.

4. Die Brötchen im auf 200 °C vorgeheizten Backofen 20 Minuten backen, aus dem Ofen nehmen und auf einem Gitter erkalten lassen.

Rosmarinbrot

ZUTATEN

500 g Weizenmehl (Type 405)
300 ml lauwarme Milch
1 Würfel Frischhefe
20 g Zucker
1 gehäufter TL Salz
1 Zwiebel
1 Bund Rosmarin
½ Bund Basilikum
100 g geriebener Emmentaler
Butter zum Ausfetten
Olivenöl zum Bestreichen

Menge:
Für 1 Brot:

Schwierigkeit:
leicht

Zubereitungszeit:
80 Minuten
ohne Wartezeit

ZUBEREITUNG

1. Das Mehl mit der lauwarmen Milch, der zerbröckelten Frischhefe, dem Zucker und dem Salz in eine Schüssel geben und mit dem Knethaken der Küchenmaschine zu einem glatten Teig verkneten.

2. Die fein gewürfelte Zwiebel, die verlesenen, gewaschenen, fein geschnittenen Kräuter und den Emmentaler dazugeben und das Ganze mit dem Kochlöffel solange schlagen, bis der Teig Blasen wirft.

3. Den Teig in eine ausgefettete Kastenbrotform legen und zugedeckt an einem warmen Ort zur doppelten Menge aufgehen lassen.

4. Mit Olivenöl bestreichen und in dem auf 180–200 °C vorgeheizten Backofen 60–70 Minuten backen. Zum Schluss mit Alufolie abdecken, damit das Brot nicht zu dunkel wird.

5. Das Rosmarinbrot aus dem Ofen nehmen, aus der Backform stürzen, erkalten lassen und servieren.

Käse-Apfel-Walnuss-Brot

(ohne Abbildung)

ZUTATEN

225 g Weizenmehl (Type 405)
½ Würfel Frischhefe
150 ml lauwarme Milch
25 g Butter, 1 Ei
½ TL Salz
Pfeffer aus der Mühle
100 g geriebener Emmentaler
50 g fein gehackte Walnüsse
1 Apfel
Butter zum Ausfetten

Menge:
Für 1 Brot:

Schwierigkeit:
leicht

Zubereitungszeit:
80 Minuten
ohne Wartezeit

ZUBEREITUNG

1. Das Mehl in eine Schüssel sieben. Die zerbröckelte Hefe, die lauwarme Milch, die Butter, das Ei, das Salz und den Pfeffer hinzufügen und alles mit dem Knethaken der Küchenmaschine zu einem glatten Teig verarbeiten.

2. Den geriebenen Emmentaler, die gehackten Walnüsse und den geschälten, entkernten und fein geriebenen Apfel dazugeben und einarbeiten.

3. Den Teig in eine ausgefettete, runde Backform füllen und zugedeckt an einem warmen Ort zur doppelten Menge aufgehen lassen.

4. Das Brot im auf 190 °C vorgeheizten Backofen 40–50 Minuten backen. Das fertige Brot in der Form auskühlen lassen, herausnehmen, in Scheiben schneiden und mit Butter servieren.

Ringbrot

ZUTATEN

400 g Roggenmehl Type 1150
300 g dunkles Weizenmehl Type 1050
2 TL Salz
15 g Sauerteigpulver
1 Würfel Frischhefe
600 ml warmes Wasser

Außerdem:
Roggenmehl zum Bestäuben

ZUBEREITUNG

1. Das Roggenmehl und das Weizenmehl in eine Schüssel sieben und das Salz untermischen.

2. Das Sauerteigpulver und die zerbröckelte Frischhefe dazugeben.

3. Das warme Wasser angießen und die Zutaten mit dem Knethaken der Küchenmaschine zu einem glatten Teig verkneten.

4. Den Teig zu einer Rolle formen und zu einem Ring legen.

5. Den Ring mit Roggenmehl bestäuben, auf ein mit Backpapier belegtes Backblech legen, mit einem scharfen Messer ringsum einschneiden und zugedeckt an einem warmen Ort zur doppelten Menge aufgehen lassen.

6. Das Ringbrot im auf 220 °C vorgeheizten Backofen etwa 40–45 Minuten backen, herausnehmen und auf einem Kuchengitter erkalten lassen.

Tipp:
Sauerteig ist ein spezieller Brotteig, der durch homo- und heterofermentative Milchsäurebakterien und Hefen in Gärung gehalten wird. Das dabei produzierte Kohlenstoffdioxid lockert den Teig auf. Durch diese Lebensgemeinschaft von Milchsäurebakterien und Hefepilzen wird der Sauerteig erst backfähig. Die Mikroorganismen lockern den Teig auf und verbessern die Verdaulichkeit, das Aroma, den Geschmack und auch die Haltbarkeit der Backwaren.

Menge:
Für 1 Brot:

Schwierigkeit:
leicht

Zubereitungszeit:
80 Minuten
ohne Wartezeit

Leinsamenbrot

ZUTATEN

200 g Roggenmehl Type 997
370 g dunkles Weizenmehl Type 1050
20 g Hefe
20 g Sauerteigpulver
1 TL Salz
400 ml warmes Wasser
120 g Leinsamen
Wasser zum Bestreichen

Menge:
Für 1 Brot:

Schwierigkeit:
leicht

Zubereitungszeit:
60 Minuten
ohne Wartezeit

ZUBEREITUNG

1. Das Roggenmehl und das Weizenmehl sieben. Die zerbröckelte Hefe, das Sauerteigpulver und das Salz dazugeben. Das warme Wasser angießen und die Zutaten mit dem Knethaken der Küchenmaschine zu einem glatten Teig verkneten.

2. 100 g Leinsamen unterkneten. Den Teig zu einem Laib formen, auf ein mit Backpapier belegtes Backblech legen und mehrmals diagonal einschneiden. Den Teig zugedeckt an einem warmen Ort zur doppelten Menge aufgehen lassen.

3. Das Leinsamenbrot mit Wasser bestreichen, mit 20 g Leinsamen bestreuen und im auf 210 °C vorgeheizten Backofen etwa 45 Minuten backen.

4. Das Leinsamenbrot nach Ende der Backzeit aus dem Ofen nehmen und auf einem Kuchengitter erkalten lassen.

Stangenweißbrot

(ohne Abbildung)

ZUTATEN

500 g Weizenmehl
250–300 ml Buttermilch
½ Würfel Frischhefe
1 TL Zucker
1 EL Gewürzsalz
Mehl zum Ausrollen

Menge:
Für 4–5 Brote:

Schwierigkeit:
leicht

Zubereitungszeit:
40 Minuten
ohne Wartezeit

ZUBEREITUNG

1. Das Mehl in eine Schüssel sieben und eine Mulde eindrücken. Die erwärmte Buttermilch mit der zerbröckelten Hefe und dem Zucker verrühren, in die Mulde geben und mit etwas Mehl vermischen.

2. Zugedeckt an einem warmen Ort 10 Minuten gehen lassen, anschließend das Mehl mit dem Salz unterarbeiten.

3. Den Teig mit einem Kochlöffel solange schlagen, bis er Blasen wirft, mit einem Küchentuch bedecken und an einem warmen Ort 30 Minuten gehen lassen.

4. Den Teig auf einer bemehlten Arbeitsfläche durcharbeiten, in vier gleiche Teile teilen und 4–5 cm dicke Rollen formen. Die Teigstücke mit einem scharfen Messer mehrmals schräg einschneiden, auf ein mit Backpapier ausgelegtes Backblech setzen und 15–20 Minuten gehen lassen.

5. Die Stangenweißbrote im auf 180–200 °C vorgeheizten Backofen 20–25 Minuten backen, herausnehmen, vollständig erkalten lassen und zum weiteren Verzehr bereitstellen.

Walnussstangen

ZUTATEN

100 g Vollkornschrot
100 g Weizenmehl
Type 405
200 g dunkles Weizenmehl
Type 1050
½ Würfel Frischhefe
1 TL Salz
15 g Sauerteigpulver
½ TL gemahlener Kümmel
300 ml warmes Wasser
200 g gehackte Walnüsse

ZUBEREITUNG

1. Den Vollkornschrot und die gesiebten Weizenmehle in eine Schüssel geben.

2. Die zerbröckelte Frischhefe, das Salz, das Sauerteigpulver und den gemahlenen Kümmel dazugeben.

3. Das warme Wasser angießen und die Zutaten mit dem Knethaken der Küchenmaschine zu einem glatten Teig verkneten.

4. Die gehackten Walnüsse unterkneten. Den Teig in zwei Portionen teilen, zu Stangen formen und diese auf ein mit Backpapier ausgelegtes Backblech legen.

5. Die Walnussstangen zugedeckt an einem warmen Ort zur doppelten Menge aufgehen lassen und im auf 220 °C vorgeheizten Backofen 40 Minuten backen.

6. Die Walnussstangen aus dem Ofen nehmen und auf einem Kuchengitter erkalten lassen.

Variation:

Die Walnuss ist besonders reich an lebensnotwendigen, mehrfach ungesättigten Fettsäuren. Zum Beispiel besitzt sie unter allen Nüssen den höchsten Gehalt an Alpha-Linolensäure. Außerdem ist das Verhältnis der herzgesunden Fettsäuren Alpha-Linolensäure (Omega-3-Fettsäure) und Alpha-Linolsäure (Omega-6-Fettsäure) zueinander mit eins zu vier ideal. Hundert Gramm Walnüsse enthalten neun Gramm Alpha-Linolensäure. Walnüsse senken sogar stärker das „schlechte" LDL-Cholesterin als fetter Seefisch. Walnüsse sind aber auch sehr gehaltvoll. Hundert Gramm der leckeren Nüsse kommen auf über 650 kcal. Doch Achtung: Walnüsse können auch Allergien auslösen.

Menge:
Für 2 Brote:

Schwierigkeit:
leicht

Zubereitungszeit:
50 Minuten
ohne Wartezeit

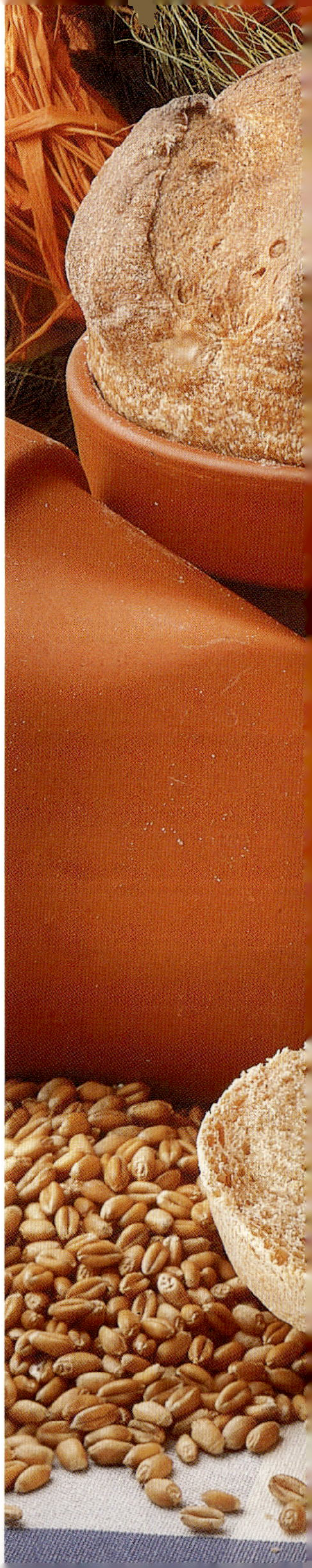

Blumentopfbrot

ZUTATEN

250 g Dinkelvollkornmehl
450 g dunkles Weizenmehl Type 1050
1 TL gemahlener Kümmel
3 TL Salz
60 g Frischhefe
3 TL Speiseöl
600 ml warme Milch

Außerdem:
4 neue Ton-Blumentöpfe (12 cm Durchmesser)
Butter und Mehl für die Form

ZUBEREITUNG

1. Das Dinkelvollkornmehl, das gesiebte Weizenmehl, den Kümmel und das Salz in einer Schüssel vermischen.

2. Die zerbröckelte Frischhefe, das Speiseöl und die warme Milch dazugeben und die Zutaten mit dem Knethaken der Küchenmaschine zu einem glatten Teig verkneten.

3. Die gesäuberten Blumentöpfe gut mit Butter ausstreichen und mit Mehl bestäuben.

4. Den Teig darin verteilen und zugedeckt an einem warmen Ort zur doppelten Menge aufgehen lassen.

5. Die Blumentopfbrote im auf 200 °C vorgeheizten Backofen etwa 10 Minuten backen.

6. Anschließend die Temperatur auf 175 °C reduzieren und die Brote weitere 30 Minuten backen.

7. Die Blumentopfbrote aus dem Ofen nehmen, aus den Formen lösen und auf einem Kuchengitter erkalten lassen.

Variation:

Den Kümmel bekommen Sie im Handel als Samen, aber auch als Pulver. Wie bei vielen Gewürzen und Würzkräutern sollten Sie die Samen kaufen und erst kurz vor dem Gebrauch hacken oder zu Pulver vermahlen. Der Kümmelsamen hat einen leicht süßlichen, nicht ganz so scharfen Geschmack wie der Kreuzkümmel. Er ist eher milder. Für deftige Hausmannskost wie Eintöpfe, Suppen und Aufläufe ist er verwendbar. Kümmel ist auch aus der Backstube nicht wegzudenken, besonders bei den deftigeren Brotsorten, dem Bauernbrot oder den verschiedenen Vollkornprodukten ist er fast ein Muss.

Menge:
Für 4 Brote:

Schwierigkeit:
mittel

Zubereitungszeit:
25 Minuten
ohne Wartezeit

Roggenkornbrot

ZUTATEN

150 g Weizenvollkornmehl
200 g Roggenmehl Type 997
70 g Sauerteig
2 TL Brotgewürz
1 EL Salz, 40 g Hefe
500 ml lauwarmes Wasser
200 g Körnermischung
Butter zum Ausfetten
Dinkelflocken zum Ausstreuen

Menge:
Für 1 Brot:

Schwierigkeit:
leicht

Zubereitungszeit:
80 Minuten
ohne Wartezeit

ZUBEREITUNG

1. Das Weizenvollkornmehl und das Roggenmehl in eine Schüssel sieben. Den Sauerteig, das Brotgewürz, das Salz und die zerbröckelte Hefe dazugeben.

2. Das lauwarme Wasser angießen und die Zutaten mit dem Knethaken des elektrischen Rührgerätes zu einem glatten Teig verkneten.

3. Die Körnermischung unterkneten. Den Teig in eine ausgefettete, mit Dinkelflocken ausgestreute Kastenform (30 x 12 cm) geben und an einem warmen Ort zugedeckt zur doppelten Menge aufgehen lassen. Das Brot im auf 210 °C vorgeheizten Ofen etwa 60 Minuten backen.

4. Nach Ende der Backzeit das Roggenkornbrot aus dem Ofen nehmen und auf einem Kuchengitter erkalten lassen.

Speckbrot

(ohne Abbildung)

ZUTATEN

650 g Weizenmehl (Type 405)
1 Päckchen Trockenhefe
½ TL Salz
350–400 ml lauwarmes Wasser
125 g durchwachsener, geräucherter Speck
Butter oder Margarine für die Form

Menge:
Für 1 Brot:

Schwierigkeit:
leicht

Zubereitungszeit:
80 Minuten
ohne Wartezeit

ZUBEREITUNG

1. Das Weizenmehl in eine Schüssel sieben, die Trockenhefe und das Salz unterheben und das lauwarme Wasser einrühren.

2. Das Ganze zu einem kompakten Teig verkneten und zugedeckt an einem warmen Ort zur doppelten Menge aufgehen lassen. Den Speck in kleine Würfel schneiden und in einer trockenen Pfanne auslassen.

3. Den Speck zum Teig geben und gut unterarbeiten. Den Teig erneut an einem warmen Ort zugedeckt gehen lassen.

4. Anschließend in eine mit Butter oder Margarine ausgestrichene, runde Backform geben und die Oberfläche mit feuchten Händen glätten.

5. Das Speckbrot in dem auf 200–220 °C vorgeheizten Backofen 40–50 Minuten backen, herausnehmen, auf ein Kuchengitter stürzen, erkalten lassen und zum weiteren Verzehr bereitstellen.

Indisches Hefebrot

ZUTATEN

1 Würfel Frischhefe
1 EL Zucker
150 ml warmes Wasser
500 g Weizenmehl (Type 405)
1 gehäufter TL Salz
2–3 EL Olivenöl
150 g Joghurt

Menge:
Für 8–10 Stück:

Schwierigkeit:
leicht

Zubereitungszeit:
40 Minuten ohne Wartezeit

ZUBEREITUNG

1. Die zerbröckelte Frischhefe mit dem Zucker und dem warmem Wasser verrühren und zugedeckt an einem warmen Ort zur doppelten Menge aufgehen lassen.

2. Das gesiebte Mehl, das Salz, das Olivenöl und den Joghurt dazugeben und alles kräftig verkneten. Zugedeckt an einem warmen Ort nochmals gehen lassen.

3. Den Teig auf einer bemehlten Arbeitsfläche durchkneten und anschließend in 8–10 gleich große Stücke teilen. Diese zu Kugeln formen, tropfenförmig ausrollen und mit einer Gabel einstechen.

4. Die Teigstücke auf ein mit Backpapier ausgelegtes Backblech legen und im auf 200 °C vorgeheizten Backofen 25–30 Minuten backen. Die indischen Hefebrote aus dem Ofen nehmen, erkalten lassen, dekorativ anrichten und servieren.

Hefezopf mit Mandeln

(ohne Abbildung)

ZUTATEN

1 Würfel Frischhefe
125 ml Milch
375 g Weizenmehl (Type 405)
1 TL Zucker
60 g weiche Butter
2 Eier
60 g Zucker
1 Prise Salz
3–4 EL Aprikosenmarmelade
Mandelblättchen zum Bestreuen

Menge:
Für 1 Zopf:

Schwierigkeit:
leicht

Zubereitungszeit:
60 Minuten ohne Wartezeit

ZUBEREITUNG

1. Die Frischhefe in eine Tasse bröckeln und mit der lauwarmen Milch glatt rühren. Das Mehl in eine Schüssel sieben und eine Mulde in die Mitte drücken.

2. Den Zucker hineinstreuen und die Hefemilch dazugeben. Mit etwas Mehl verrühren und zugedeckt 10–15 Minuten gehen lassen.

3. Die weiche Butter, die Eier, den Zucker und das Salz dazugeben, alles zu einem glatten Teig verarbeiten und solange schlagen, bis er Blasen wirft. An einem warmen Ort zur doppelten Menge aufgehen lassen.

4. Den Teig in drei Portionen teilen, drei Stränge formen und diese zu einem Zopf flechten. Den Zopf auf ein mit Backpapier ausgelegtes Backblech legen, kurz gehen lassen und in dem auf 180–200 °C vorgeheizten Backofen 40–45 Minuten backen.

5. Den Zopf aus dem Ofen nehmen, mit der glatt gerührten Marmelade bestreichen, mit Mandelblättchen bestreuen, den Guss abtrocknen lassen und den Zopf servieren.

Butterweißbrot

ZUTATEN

550 g Weizenmehl (Type 405)
60 g Butter
1 Würfel Frischhefe
1 gestrichener TL Salz
350 ml lauwarme Milch

Variation:
Unser Butterweißbrot wird mit einer Prise Vanillearoma, etwas Muskat- und Korianderpulver ein feinwürziges Brot für alle süßen Brotaufstriche.

ZUBEREITUNG

1. Das Weizenmehl in eine Schüssel sieben. Die Butter in Flöckchen daraufsetzen.

2. Die zerbröckelte Hefe, das Salz und die lauwarme Milch dazugeben.

3. Das Ganze mit dem Knethaken der Küchenmaschine zu einem glatten Teig verkneten.

4. Den Teig halbieren und die Teigstücke nochmals durchkneten.

5. Die Teigstücke leicht flach drücken und jedes Brot mit dem Messer gitterförmig einschneiden.

6. Die Teigstücke auf ein mit Backpapier ausgelegtes Backblech setzen und zugedeckt an einem warmen Ort zur doppelten Menge aufgehen lassen.

7. Die Butterweißbrote in dem auf 200 °C vorgeheizten Backofen 45 Minuten backen, herausnehmen und vor dem Servieren vollständig auskühlen lassen.

Menge:
Für 2 Brote:

Schwierigkeit:
leicht

Zubereitungszeit:
60 Minuten
ohne Wartezeit

Nussknacker

ZUTATEN

100 g Vollkornschrot
100 g Weizenmehl (Type 405)
200 g Brotmehl (Type 1050)
½ Würfel Frischhefe
1 TL Salz
15 g Sauerteigpulver
300 ml warmes Wasser
100 g gehackte Walnüsse
1 EL gemahlene Haselnüsse
1 EL gehackte Mandeln

Variation:

Mandeln enthalten – wie andere Nüsse auch – wertvolle Mineralstoffe und Vitamine. In Mandeln sind unter anderem Calcium, Magnesium und Kalium sowie Vitamin B und Vitamin E enthalten. 100 Gramm Mandeln enthalten rund 570 Kalorien und sind damit echte Kalorienbomben.

ZUBEREITUNG

1. Den Vollkornschrot, das Weizenmehl und das Brotmehl in einer Schüssel vermischen.

2. Die zerbröckelte Frischhefe, das Salz, das Sauerteigpulver und das warme Wasser dazugeben und die Zutaten mit dem Knethaken der Küchenmaschine zu einem glatten Teig verkneten.

3. Die Walnüsse, die Haselnüsse und die Mandeln dazugeben und einarbeiten.

4. Den Teig zu einem Laib formen, auf ein mit Backpapier ausgelegtes Backblech setzen und die Oberfläche rautenförmig einschneiden.

5. Zugedeckt an einem warmen Ort zur doppelten Menge aufgehen lassen.

6. Das Brot in dem auf 220 °C vorgeheizten Backofen etwa 30–40 Minuten backen, herausnehmen, erkalten lassen und servieren.

Menge:
Für 1 Brot:

Schwierigkeit:
leicht

Zubereitungszeit:
60 Minuten ohne Wartezeit

Rohrnudeln mit Mohn

ZUTATEN

400 g Weizenmehl (Type 405)
½ Würfel Frischhefe
150 ml warme Milch
1 Ei
1 TL Salz

Außerdem:
Butter zum Ausfetten und Bestreichen
ungemahlener Mohn zum Bestreuen

Variation:
Rohrnudeln schmecken nicht nur sehr gut mit Mohn. Sie können die Nudeln auch mit Sesam, Sonnenblumenkernen, Nüssen oder Kürbiskernen bestreuen oder ganz einfach nach dem Backen mit Aprikosenmarmelade bestreichen.

ZUBEREITUNG

1. Das gesiebte Weizenmehl mit der zerbröckelten Hefe, der warmen Milch, dem Ei und dem Salz in eine Schüssel geben und mit dem Knethaken der Küchenmaschine zu einem glatten Teig verkneten.

2. Den Teig zugedeckt an einem warmen Ort zur doppelten Menge aufgehen lassen.

3. Den Teig auf einer bemehlten Arbeitsfläche nochmals kurz kneten und in vier Portionen teilen. Diese zu Kugeln drehen und in eine ausgefettete, runde Form setzen.

4. Die Rohrnudeln nochmals kurz gehen lassen, mit Butter bestreichen und mit Mohn bestreuen.

5. Die Rohrnudeln in dem auf 200 °C vorgeheizten Backofen 40–45 Minuten backen, herausnehmen, erkalten lassen und servieren.

Menge:
Für 10–12 Stück:

Schwierigkeit:
leicht

Zubereitungszeit:
60 Minuten ohne Wartezeit

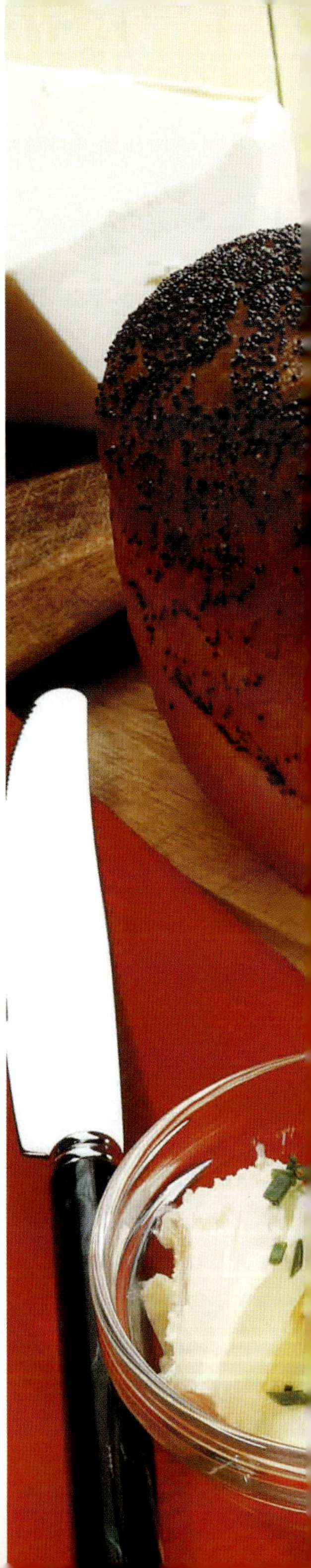

Weißbrot mit Sesam und Mohn

ZUTATEN

500 g Weizenmehl (Type 405)
2 gestrichene TL Salz
15 g Malz
½ Würfel Frischhefe
300 ml warmes Wasser

Außerdem:
Wasser zum Bestreichen
Sesamsamen und Mohn zum Bestreuen

ZUBEREITUNG

1. Das Mehl in eine Schüssel sieben, mit dem Salz, dem Malz, der zerbröckelten Hefe und dem Wasser vermischen und mit dem Knethaken der Küchenmaschine zu einem glatten Teig verarbeiten.

2. Den Teig in zwei Portionen teilen und diese zu Stangen formen, auf ein mit Backpapier ausgelegtes Backblech setzen und mehrmals diagonal einschneiden.

3. Die Brote mit Wasser bestreichen, mit Sesamsamen und Mohn bestreuen und zugedeckt an einem warmen Ort zur doppelten Menge aufgehen lassen.

4. Die Weißbrote in dem auf 200 °C vorgeheizten Backofen etwa 35–40 Minuten backen, herausnehmen und erkalten lassen.

Variation:
Sehr gut schmeckt das Weißbrot auch, wenn Sie verschiedene frische Kräuter unter den Teig arbeiten. Hierfür können Sie Petersilie, Schnittlauch, Dill, Estragon und Kerbel verwenden. Auch ein Kressebrot ist etwas sehr Feines.

Menge:
Für 2 Brote:

Schwierigkeit:
leicht

Zubereitungszeit:
60 Minuten
ohne Wartezeit

Grahambrot

ZUTATEN

400 g Mehl Type 550
400 g Weizenschrot
½ TL Salz
2 EL Honig
40 g Frischhefe
125 ml Speiseöl
500 ml warme Milch

Außerdem:
Mehl zum Bestäuben

ZUBEREITUNG

1. Das gesiebte Mehl mit dem Weizenschrot und dem Salz in einer Schüssel vermischen.

2. Den Honig und die zerbröckelte Frischhefe dazugeben.

3. Das Speiseöl und die warme Milch angießen und die Zutaten mit dem Knethaken der Küchenmaschine zu einem glatten Teig verkneten.

4. Den Teig in einen mit Mehl bestäubten Brotkorb legen und zugedeckt an einem warmen Ort zur doppelten Menge aufgehen lassen.

5. Das Brot auf ein mit Backpapier ausgelegtes Backblech stürzen und in dem auf 220 °C vorgeheizten Backofen etwa 50 Minuten backen.

6. Das Grahambrot aus dem Ofen nehmen und auf einem Kuchengitter erkalten lassen.

Tipp:

Der Name „Grahambrot" geht zurück auf den amerikanischen Arzt Sylvester Graham (1794 – 1851). Es handelte sich um ein Brot aus ungesiebtem, feingeschrotetem Vollkornweizen. Es wird ohne Zusatz von Treibmitteln wie Sauerteig oder Hefe nach spontaner Gärung in einer Kastenform gebacken. Was heute im Handel als „Grahambrot" angeboten wird, ist meist ein Kastenbrot mit einem hohen Anteil an Vollkornschrot, bei dem – im Gegensatz zur Absicht von Sylvester Graham – Hefe, manchmal auch Sauerteig, als Treibmittel verwendet wird.

Menge:
Für 1 Brot:

Schwierigkeit:
leicht

Zubereitungszeit:
80 Minuten ohne Wartezeit

Schmalzbrötchen

ZUTATEN

250 g Weizenmehl (Type 405)
½ Würfel Frischhefe
130 g warmes Wasser
25 g Schmalz
1 EL Malz
½ TL Salz

Menge:
Für 8 Stück:

Schwierigkeit:
leicht

Zubereitungszeit:
40 Minuten
ohne Wartezeit

ZUBEREITUNG

1. Das Mehl in eine Schüssel sieben, die zerbröckelte Hefe und das lauwarme Wasser dazugeben.

2. Das Schmalz in Flöckchen auf das Mehl setzen, das Malz und das Salz darüberstreuen und die Zutaten mit dem Knethaken der Küchenmaschine zu einem glatten Teig verkneten.

3. Aus dem Teig acht Brötchen abdrehen. Die Oberfläche kreuzweise einschneiden und die Brötchen zugedeckt an einem warmen Ort zur doppelten Menge aufgehen lassen.

4. Die Schmalzbrötchen auf ein mit Backpapier ausgelegtes Backblech setzen und in dem auf 220 °C vorgeheizten Backofen 20–25 Minuten backen, herausnehmen und vor dem Servieren vollständig erkalten lassen.

Schinken-Croissants

(ohne Abbildung)

ZUTATEN

2 Packungen Blätterteig (TK-Produkt)
250 g gekochter Schinken
1 große Zwiebel
½ Bund Petersilie
Salz, Pfeffer aus der Mühle
1 Eigelb zum Bestreichen

Menge:
Für 6 Stück:

Schwierigkeit:
leicht

Zubereitungszeit:
40 Minuten
ohne Wartezeit

ZUBEREITUNG

1. Die Blätterteigscheiben auf einer Arbeitsfläche auftauen lassen und zu Dreiecken schneiden.

2. Den Schinken in kleine Würfel schneiden, die Zwiebel schälen, fein würfeln, die Petersilie verlesen, waschen und fein hacken.

3. Die Zutaten in einer Schüssel vermischen, mit Salz und Pfeffer würzen. Je 1 EL der Masse auf ein Blätterteigstück setzen.

4. Die Blätterteigecken von der langen Seite her zu Hörnchen zusammenrollen und auf ein mit Wasser benetztes Backblech setzen.

5. Das Eigelb mit etwas Wasser verschlagen, die Hörnchen damit bestreichen und im auf 180–200 °C vorgeheizten Backofen in 15–20 Minuten backen.

6. Die Schinken-Croissants aus dem Ofen nehmen, dekorativ anrichten und warm oder kalt servieren.

Hagenrieder Weizenmischbrot

ZUTATEN

450 g Weizenmehl Type 550
100 g dunkles Weizenmehl Type 1050
2 TL Salz
1 TL Brotgewürz
½ TL gemahlener Fenchel
½ TL Nelkenpulver
10 g Frischhefe
70 g Sauerteig
350 ml warme Milch

Außerdem:
Mehl zum Bestäuben

Tipp:
Unser Brotgewürz besteht aus Anis, Fenchel, Koriander und Kümmel zu gleichen Teilen. Es wird fein gemahlen und gut vermischt. Wir geben auf je 500 g Mehl etwa 1 TL Brotgewürz.

Menge:
Für 1 Brot:

Schwierigkeit:
leicht

Zubereitungszeit:
40 Minuten ohne Wartezeit

ZUBEREITUNG

1. Das helle Weizenmehl und das dunkle Weizenmehl mit dem Salz, dem Brotgewürz, dem Fenchel und dem Nelkenpulver in einer Schüssel vermischen.

2. Die zerbröckelte Frischhefe und den Sauerteig dazugeben.

3. Die warme Milch angießen und die Zutaten mit dem Knethaken der Küchenmaschine zu einem glatten Teig verkneten.

4. Den Teig zu einem Laib formen, auf ein mit Backpapier belegtes Backblech setzen und mit einem scharfen Messer oben einschneiden.

5. Das Bauernbrot mit Mehl bestäuben und zugedeckt an einem warmen Ort zur doppelten Menge aufgehen lassen.

6. Das Bauernbrot in dem auf 220 °C vorgeheizten Backofen etwa 50 Minuten backen, anschließend herausnehmen und auf einem Kuchengitter erkalten lassen.

Buttertoast

ZUTATEN

500 g Weizenmehl Type 550
10 g Salz
10 g Zucker
25 g Butter
20 g Frischhefe
225 ml warmes Wasser

Außerdem:
Butter zum Ausfetten

Menge:
Für 1 Brot:

Schwierigkeit:
leicht

Zubereitungszeit:
40 Minuten
ohne Wartezeit

ZUBEREITUNG

1. Das gesiebte Mehl mit dem Salz und dem Zucker in einer Schüssel vermischen. Die Butter und die zerbröckelte Frischhefe dazugeben.

2. Das warme Wasser angießen und die Zutaten mit dem Knethaken der Küchenmaschine zu einem glatten Teig verkneten.

3. Den Teig in eine gut ausgefettete oder mit Backpapier ausgelegte Kastenform (25 x 11 cm) legen, mit einem scharfen Messer der Länge nach einschneiden und zugedeckt an einem warmen Ort zur doppelten Menge aufgehen lassen.

4. Das Buttertoastbrot in dem auf 200 °C vorgeheizten Backofen ca. 50 Minuten backen, anschließend aus dem Ofen nehmen und auf einem Kuchengitter erkalten lassen.

Butterbrötchen

ZUTATEN

250 g Mehl
1 TL Salz
50 g Butter
10 g Frischhefe
100 ml warmes Wasser
Weizenschrot zum Bestreuen

Menge:
Für 8 Stück:

Schwierigkeit:
leicht

Zubereitungszeit:
40 Minuten
ohne Wartezeit

ZUBEREITUNG

1. Das gesiebte Mehl mit dem Salz und der Butter in eine Schüssel geben.

2. Die zerbröckelte Frischhefe und das warme Wasser dazugeben und die Zutaten mit dem Knethaken des elektrischen Rührgerätes zu einem glatten Teig verkneten.

3. Den Teig in acht Portionen teilen, diese rund formen und mit einem scharfen Messer oben einschneiden.

4. Die Brötchen auf ein mit Backpapier belegtes Backblech setzen und zugedeckt an einem warmen Ort zur doppelten Menge aufgehen lassen.

5. Die Brötchen mit Wasser bestreichen, mit Weizenschrot bestreuen und im auf 200 °C vorgeheizten Backofen ca. 25 Minuten backen.

6. Die Butterbrötchen aus dem Backofen nehmen und auf einem Kuchengitter erkalten lassen.

Italienisches Landbrot

ZUTATEN

500 g Weizenmehl
Type 550
1 TL Salz
1 Würfel Frischhefe
300 ml warmes Wasser

Außerdem:
Mehl zum Bestäuben

Variation:

Aus dem italienisches Landbrot machen wir auch sehr gerne ein Oliven- oder Peperonibrot. Hierfür werden die entsteinten Oliven oder die entkernten und blanchierten Peperoni fein gehackt und unter den Teig geknetet.

ZUBEREITUNG

1. Das gesiebte Weizenmehl mit dem Salz in eine Schüssel geben.

2. Die zerbröckelte Frischhefe und das warme Wasser dazugeben und die Zutaten mit dem Knethaken der Küchenmaschine zu einem glatten Teig verkneten.

3. Den Teig zu einem runden Laib formen, mit Mehl bestäuben, auf ein mit Backpapier belegtes Backblech legen und zugedeckt an einem warmen Ort zur doppelten Menge aufgehen lassen.

4. Das Brot mit einem langen, scharfen Messer rautenförmig einschneiden und in dem auf 200 °C vorgeheizten Backofen 50 Minuten backen.

5. Das italienische Landbrot aus dem Backofen nehmen und auf einem Kuchengitter erkalten lassen.

Menge:
Für 1 Brot:

Schwierigkeit:
leicht

Zubereitungszeit:
70 Minuten
ohne Wartezeit

Kammeltaler Dinkelbrot

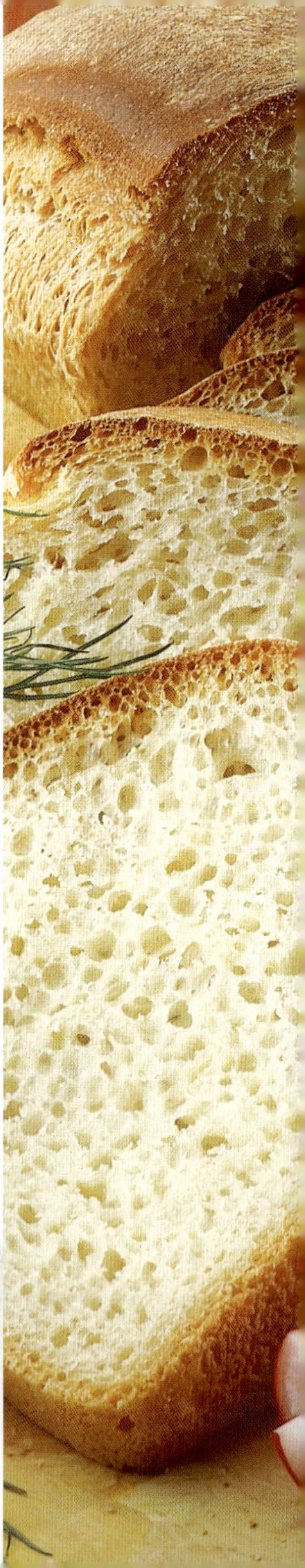

ZUTATEN

500 g Dinkelmehl Type 630
10 g Salz
10 g Frischhefe
375 ml warmes Wasser

Außerdem:
Butter zum Ausfetten
Dinkelmehl zum Bestäuben

Variation:
Auch das Dinkelbrot verträgt etwas Würze. Je nach Geschmack können Sie es mit unserem Brotgewürz oder ganz einfach mit frischen Kräutern und/oder Knoblauch verfeinern.

ZUBEREITUNG

1. Das Dinkelmehl mit dem Salz in einer Schüssel vermischen.

2. Die zerbröckelte Frischhefe und das warme Wasser dazugeben und die Zutaten mit dem Knethaken der Küchenmaschine zu einem glatten Teig verkneten.

3. Den Teig in eine ausgefettete, mit Dinkelmehl bestäubte Kastenform (25 x 11 cm) geben und zugedeckt an einem warmen Ort zur doppelten Menge aufgehen lassen.

4. Das Dinkelbrot in dem auf 200 °C vorgeheizten Backofen etwa 60 Minuten backen.

5. Das Dinkelbrot aus dem Backofen nehmen, aus der Form stürzen, auf ein Kuchengitter setzen und vollständig erkalten lassen.

Menge:
Für 1 Brot:

Schwierigkeit:
leicht

Zubereitungszeit:
80 Minuten ohne Wartezeit

Stangenbrot mit Schafskäse

ZUTATEN

350 g Weizenmehl
Type 550
1 TL Salz
1 EL Olivenöl
20 g Frischhefe
200 ml warmes Wasser

Außerdem:
1 Zwiebel (ca. 70 g)
250 g Schafskäse
1 EL gehackte Petersilie

ZUBEREITUNG

1. Das gesiebte Weizenmehl mit dem Salz und dem Olivenöl in eine Schüssel geben.

2. Die zerbröckelte Frischhefe und das Wasser dazugeben und die Zutaten mit dem Knethaken der Küchenmaschine zu einem glatten Teig verkneten.

3. Die Zwiebel schälen und fein würfeln. Den Schafskäse in feine Würfel schneiden.

4. Den Teig auf einer bemehlten Arbeitsfläche zu einem Rechteck (30 x 40 cm) ausrollen, mit den Zwiebeln, dem Schafskäse und der gehackten Petersilie bestreuen und von der langen Seite her aufrollen.

5. Das Brot auf ein mit Backpapier belegtes Backblech setzen, mit einer Schere ein Muster in die Rolle schneiden und diese an einem warmen Ort zugedeckt zur doppelten Menge aufgehen lassen.

6. Das Stangenbrot in dem auf 190 °C vorgeheizten Backofen 40 Minuten backen, aus dem Ofen nehmen und auf einem Kuchengitter erkalten lassen.

Variation:
Sie können das Weißbrot auch mit anderen Käsesorten füllen. Versuchen Sie doch auch einmal einen Ziegenkäse. Und wer keinen Käse mag, der kann unser Stangenbrot auch mit gekochtem oder rohem Schinken oder mit in feine Würfel geschnittenem Speck füllen.

Menge:
Für 1 Brot:

Schwierigkeit:
leicht

Zubereitungszeit:
60 Minuten
ohne Wartezeit

Mitternachtsbrot

ZUTATEN

120 g Roggenmehl Type 997
120 g dunkles Weizenmehl Type 1050
120 g Weizenmehl Type 550
1 TL Salz
1 TL Brotgewürz
20 g Frischhefe
40 g Sauerteig
250 ml warmes Wasser

Außerdem:
Butter zum Ausfetten
Semmelbrösel für die Form
Sesamsamen, Mohn und Kürbiskerne zum Bestreuen

ZUBEREITUNG

1. Das Roggenmehl und die Weizenmehle in eine Schüssel sieben, das Salz und das Brotgewürz untermischen.

2. Die zerbröckelte Frischhefe und den Sauerteig dazugeben.

3. Das warme Wasser angießen und die Zutaten mit dem Knethaken der Küchenmaschine zu einem glatten Teig verkneten.

4. Eine Eulenform ausfetten und mit Semmelbröseln ausstreuen.

5. Die Sesamsamen, den Mohn und die Kürbiskerne darin verteilen und den Teig einlegen.

6. Den Teig zugedeckt an einem warmen Ort zur doppelten Menge aufgehen lassen.

7. Das Mitternachtsbrot im auf 200 °C vorgeheizten Backofen ca. 50 Minuten backen, anschließend aus dem Ofen nehmen, auf ein Kuchengitter stürzen und erkalten lassen.

Variation:
Sie müssen nicht unbedingt eine Eulenform für dieses Brot verwenden, wenngleich das gebackene Brot sehr schön aussieht. Eine normale Kasten- oder Brotform tut es auch, denn eigentlich kommt es ja auf den Geschmack an.

Menge:
Für 1 Brot:

Schwierigkeit:
leicht

Zubereitungszeit:
80 Minuten
ohne Wartezeit

Käsestangen

ZUTATEN

300 g Mehl, 25 g Butter
20 g Frischhefe
ca. 150 ml warmes Wasser
200 g geriebener Käse
(Gouda, Butterkäse
oder Emmentaler)

Menge:
Für 10 Stück:

Schwierigkeit:
leicht

Zubereitungszeit:
40 Minuten
ohne Wartezeit

ZUBEREITUNG

1. Das gesiebte Mehl mit der Butter, der zerbröckelten Frischhefe und dem warmem Wasser in eine Schüssel geben und mit dem Knet haken des elektrischen Rührgerätes zu einem glatten Teig verkneten.

2. Den Teig in 10 Portionen teilen, diese zu 10 cm langen Rollen formen, flach drücken und mit Wasser bestreichen.

3. Die Rollen mit dem geriebenen Käse bestreuen, auf ein mit Backpapier belegtes Backblech legen und an einem warmen Ort kurz gehen lassen.

4. Die Käsestangen im auf 220 °C vorgeheizten Backofen etwa 20–25 Minuten backen. Die fertig gebackenen Käsestangen aus dem Backofen nehmen und auf einem Gitter erkalten lassen.

Pfälzer Zwiebelbrote

ZUTATEN

350 g Roggenmehl Type 997
1 TL Salz
schwarzer Pfeffer aus
der Mühle
1 Msp. Kardamom
20 g Frischhefe
35 g Sauerteig
250 ml warmes Wasser
50 g Röstzwiebeln
Mehl zum Bestäuben

Menge:
Für 2 Brote:

Schwierigkeit:
leicht

Zubereitungszeit:
60 Minuten
ohne Wartezeit

ZUBEREITUNG

1. Das gesiebte Roggenmehl mit dem Salz, dem Pfeffer und dem Kardamom in einer Schüssel vermischen.

2. Die zerbröckelte Frischhefe und den Sauerteig dazugeben, das Wasser angießen und die Zutaten mit dem Knethaken der Küchenmaschine zu einem glatten Teig verkneten.

3. Die Röstzwiebeln darunterkneten. Den Teig in zwei Portionen teilen, ausrollen und zu Stangen formen.

4. Die Brote der Länge nach einschneiden, mit Mehl bestäuben, auf ein mit Backpapier belegtes Backblech legen und zugedeckt an einem warmen Ort zur doppelten Menge aufgehen lassen.

5. Die Pfälzer Zwiebelbrote in dem auf 220 °C vorgeheizten Backofen 30–40 Minuten backen, herausnehmen und auf einem Kuchengitter erkalten lassen.

Olivenbrot

ZUTATEN

500 g Weizenmehl
Type 405
½ TL Salz
1 Würfel Frischhefe
2 EL Olivenöl
400 ml warmes Wasser

Außerdem:
1 Glas gefüllte Oliven (200 g Abtropfgewicht)

Variation:
Versuchen Sie dieses Brot doch auch einmal mit eingelegten Paprika oder Peperoni. Ganz besonders lecker wird das Brot, wenn Sie getrocknete und eingelegte Tomaten verwenden.

ZUBEREITUNG

1. Das gesiebte Weizenmehl mit dem Salz in eine Schüssel geben.

2. Die zerbröckelte Frischhefe und das Olivenöl dazugeben.

3. Das warme Wasser angießen und die Zutaten mit dem Knethaken der Küchenmaschine zu einem glatten Teig verkneten.

4. Den Teig auf einer bemehlten Arbeitsfläche in der Größe eines Backbleches (30 x 25 cm) ausrollen und in die mit Backpapier ausgelegte Form legen.

5. Die gut abgetropften Oliven in den Teig drücken und zugedeckt an einem warmen Ort zur doppelten Menge aufgehen lassen.

6. Das Olivenbrot in dem auf 200–210 °C vorgeheizten Backofen etwa 35–40 Minuten backen, herausnehmen und erkalten lassen.

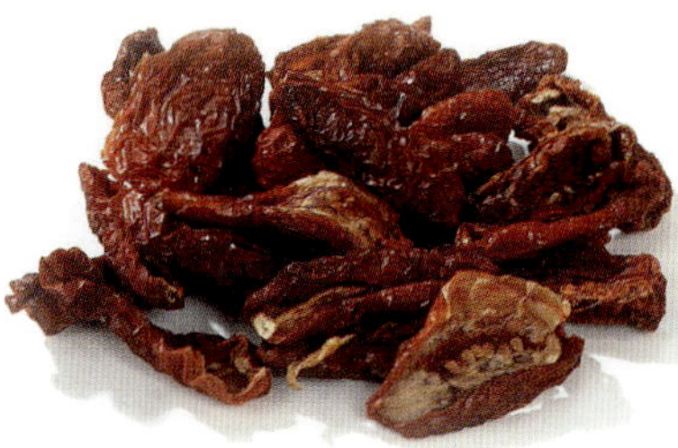

Menge:
Für 1 Brot:

Schwierigkeit:
leicht

Zubereitungszeit:
60 Minuten
ohne Wartezeit

Grissini

ZUTATEN

200 g Weizenmehl
Type 505
1 EL Olivenöl
½ TL Salz
10 g Frischhefe
100 ml kaltes Wasser

Außerdem:
Mehl zum Bestäuben

Variation:
Neben den einfachen Grissini gibt es die Brotstangen auch noch mit verschiedenen Gewürzen. Bestreuen Sie die Grissini vor dem Backen mit Mohn, Oregano, Sesam oder Kümmel. Sie werden bestimmt von dem köstlichen Geschmack überzeugt sein.

ZUBEREITUNG

1. Das gesiebte Weizenmehl mit dem Olivenöl und dem Salz in eine Schüssel geben.

2. Die zerbröckelte Frischhefe und das Wasser dazugeben und die Zutaten mit dem Knethaken des elektrischen Rührgerätes zu einem glatten Teig verkneten.

3. Den Teig in Portionen à 20 g teilen, diese zu je 30 cm langen Rollen formen, mit Mehl bestäuben, auf ein mit Backpapier belegtes Backblech legen und zugedeckt an einem warmen Ort zur doppelten Menge aufgehen lassen.

4. Die Grissini im auf 200 °C vorgeheizten Backofen etwa 15 Minuten backen, herausnehmen und auf einem Kuchengitter erkalten lassen.

5. Sehr gut schmecken die Grissini zu Gemüsesuppen wie auf unserem Bild zu einer Kürbissuppe.

Menge:
Für 16 Stück:

Schwierigkeit:
mittel

Zubereitungszeit:
40 Minuten ohne Wartezeit

Sesam- und Leinsamenbrötchen

ZUTATEN

250 g Weizenmehl (Type 405)
1 gestrichener TL Salz
1 EL Malz
½ Würfel Frischhefe
150 ml warmes Wasser

Außerdem:
Wasser zum Bestreichen
Sesamsamen und Leinsamen zum Bestreuen

ZUBEREITUNG

1. Das gesiebte Mehl mit dem Salz, dem Malz, der zerbröckelten Frischhefe und dem Wasser in eine Schüssel geben und mit dem Knethaken der Küchenmaschine zu einem glatten Teig verkneten.

2. Den Teig in acht Portionen teilen, diese zu Kugeln drehen und auf ein mit Backpapier ausgelegtes Backblech setzen.

3. Die Brötchen leicht mit Wasser bestreichen, mit Sesam und Leinsamen bestreuen und zugedeckt an einem warmen Ort zur doppelten Menge aufgehen lassen.

4. Die Brötchen im auf 220 °C vorgeheizten Backofen etwa 25–30 Minuten backen, herausnehmen, erkalten lassen und servieren.

Zitronengelee:

Zu den Sesam- und Leinsamenbrötchen schmeckt ganz besonders gut ein Zitronengelee. Hierfür 40 g unbehandelte Zitronenschalen mit 900 ml frisch gepresstem Zitronensaft in einen Topf geben. 1 Beutel Gelfix Extra (25 g) und 1 kg Zucker einrühren, den Topf auf die heiße Kochplatte stellen und das Ganze unter ständigem Rühren zum Kochen bringen. Das Gelee vier Minuten sprudelnd kochen lassen und anschließend die Zitronenschalen herausnehmen. Das Gelee in sterilisierte, heiß ausgespülte Twist-off-Gläser füllen, diese sofort verschließen, erkalten lassen und bis zum Verzehr kühl aufbewahren.

Menge:
Für 8 Stück:

Schwierigkeit:
leicht

Zubereitungszeit:
50 Minuten ohne Wartezeit

Kürbiskernbrötchen

ZUTATEN

125 g Weizenschrot
125 g Weizenmehl Type 550
½ TL Salz
1 Prise Muskat
25 g weiche Butter
20 g Frischhefe
200 ml warme Milch

Außerdem:
100 g Kürbiskerne

ZUBEREITUNG

1. Den Weizenschrot und das gesiebte Weizenmehl mit dem Salz, dem Muskat und der weichen Butter in eine Schüssel geben.

2. Die zerbröckelte Frischhefe und die warme Milch dazugeben und die Zutaten mit dem Knethaken der Küchenmaschine zu einem glatten Teig verkneten.

3. Den Teig in 10 Portionen teilen, diese rund formen, auf ein mit Backpapier belegtes Backblech legen und zugedeckt an einem warmen Ort zur doppelten Menge aufgehen lassen.

4. Die Brötchen mit Wasser bestreichen, mit Kürbiskernen bestreuen und im auf 220 °C vorgeheizten Backofen etwa 15 Minuten backen.

5. Die Kürbiskernbrötchen aus dem Ofen nehmen und auf einem Kuchengitter erkalten lassen.

Johannisbeerkonfitüre:

Zu den Kürbiskernbrötchen passt sehr gut eine Johannisbeerkonfitüre mit Mandeln. Hierfür 100 g Mandelblättchen im auf 180–200 °C vorgeheizten Backofen goldbraun rösten. 1 kg rote Johannisbeeren waschen, gut abtropfen lassen, entstielen und in einen großen Topf geben. 1 Messerspitze Einmachhilfe mit 1 Päckchen Zitronensäure und 1 kg Gelierzucker unterrühren, das Ganze zum Kochen bringen und unter ständigem Rühren vier Minuten sprudelnd kochen lassen. Die Mandelblättchen unterrühren, die Konfitüre in sterilisierte, kalt ausgespülte Twist-off-Gläser füllen, diese sofort verschließen, stürzen und erkalten lassen.

Menge:
Für 10 Stück:

Schwierigkeit:
leicht

Zubereitungszeit:
40 Minuten ohne Wartezeit

Frühstücksstangen

ZUTATEN

375 g Mehl Type 550
1 TL Salz
1 TL Zucker
40 g Butter
25 g Hefe
200 ml warme Milch

Menge:
Für 13 Stück:

Schwierigkeit:
leicht

Zubereitungszeit:
40 Minuten ohne Wartezeit

ZUBEREITUNG

1. Das gesiebte Mehl mit dem Salz, dem Zucker und der Butter in eine Schüssel geben.

2. Die zerbröckelte Hefe und die warme Milch dazugeben und die Zutaten mit dem Knethaken des elektrischen Rührgerätes zu einem glatten Teig verkneten.

3. Den Teig in Portionen à 50 g teilen, diese zu 20 cm langen Rollen formen, mit einem scharfen Messer mehrmals diagonal einschneiden, auf ein mit Backpapier ausgelegtes Backblech legen und zugedeckt an einem warmen Ort zur doppelten Menge aufgehen lassen.

4. Die Frühstücksstangen im auf 200 °C vorgeheizten Backofen ca. 25 Minuten backen, herausnehmen und auf einem Kuchengitter erkalten lassen.

Frühstücksbrezeln

ZUTATEN

450 g Mehl Type 550
1 TL Salz
50 g Butter
30 g Hefe
200 ml kalte Milch
Leinsamen und Sesamsamen zum Bestreuen

Menge:
Für 12 Stück:

Schwierigkeit:
leicht

Zubereitungszeit:
60 Minuten ohne Wartezeit

ZUBEREITUNG

1. Das gesiebte Mehl mit dem Salz in eine Schüssel geben. Die zerbröckelte Hefe und die Milch dazugeben und die Zutaten mit dem Knethaken der Küchenmaschine zu einem glatten Teig verkneten.

2. Den Teig in 12 Portionen à 60 g teilen, diese zu dünnen Rollen ausrollen.

3. Die Teigrollen zu Brezeln schlingen und diese auf ein mit Backpapier belegtes Backblech legen.

4. Die Brezeln mit Wasser bestreichen, mit Leinsamen und Sesamsamen bestreuen und zugedeckt an einem warmen Ort zur doppelten Menge aufgehen lassen.

5. Die Brezeln in dem auf 200 °C vorgeheizten Backofen etwa 20 Minuten backen, herausnehmen und auf einem Kuchengitter erkalten lassen.

Röggelchen

ZUTATEN

250 g Roggenmehl Type 997
½ TL Salz
1 TL Zucker
20 g Hefe
100 ml warme Milch

Menge:
Für 10 Stück:

Schwierigkeit:
leicht

Zubereitungszeit:
40 Minuten
ohne Wartezeit

ZUBEREITUNG

1. Das gesiebte Roggenmehl mit dem Salz und dem Zucker in einer Schüssel vermischen.

2. Die zerbröckelte Hefe und die warme Milch hinzufügen und die Zutaten mit dem Knethaken des elektrischen Rührgerätes zu einem glatten Teig verkneten.

3. Den Teig in 10 Portionen à 10 g teilen und die Teigstücke rund formen. Die Teigstücke bis zur Hälfte von einer Seite her, mit einem scharfen Messer dreimal durchschneiden.

4. Die Röggelchen auf ein mit Backpapier belegtes Backblech setzen und zugedeckt an einem warmen Ort zur doppelten Menge aufgehen lassen.

5. Die Röggelchen in dem auf 225 °C vorgeheizten Backofen 20 Minuten backen, aus dem Ofen nehmen und auf einem Kuchengitter erkalten lassen.

Dinkel-Seelen

ZUTATEN

500 g Dinkelmehl Type 630
1 TL Salz
20 g Hefe
350 ml warmes Wasser
Kümmel zum Bestreuen

Menge:
Für 8–10 Stück:

Schwierigkeit:
leicht

Zubereitungszeit:
40 Minuten
ohne Wartezeit

ZUBEREITUNG

1. Das Dinkelmehl mit dem Salz in eine Schüssel geben. Die zerbröckelte Hefe und das warme Wasser dazugeben und die Zutaten mit dem Knethaken der Küchenmaschine zu einem glatten Teig verkneten.

3. Den Teig in eine mit Mehl bestreute Schüssel legen und zugedeckt an einem warmen Ort 30 Minuten gehen lassen.

4. Den Teig in 8–10 Portionen teilen. Die Teigstücke vorsichtig mit nassen Händen zu Stangen formen und mit Kümmel bestreuen.

5. Die Stangen auf ein mit Backpapier ausgelegtes Backblech legen und im auf 220 °C vorgeheizten Backofen 20–25 Minuten backen.

6. Die fertig gebackenen Dinkel-Seelen aus dem Backofen nehmen und auf einem Kuchengitter erkalten lassen.

Joghurtbrötchen

ZUTATEN

1 kg Dinkelvollkornmehl
½ TL Salz
300 g zimmerwarmer Vollmilchjoghurt
50 g weiche Butter
40 g frische Hefe
200–250 ml lauwarme Milch
Fett zum Ausfetten

Menge:
Für 20–24 Stück:

Schwierigkeit:
leicht

Zubereitungszeit:
50 Minuten ohne Wartezeit

ZUBEREITUNG

1. Das Dinkelvollkornmehl mit dem Salz, dem Vollmilchjoghurt und der Butter in eine Schüssel geben, die zerbröckelte Hefe und die lauwarme Milch hinzufügen.

2. Die Zutaten solange kneten, bis sich der Teig vom Schüsselrand löst.

3. Aus dem Teig 20–24 Brötchen formen, diese auf ein ausgefettetes Backblech setzen und an einem warmen Ort zugedeckt zur doppelten Menge aufgehen lassen.

4. Die Joghurtbrötchen in dem auf 200 °C vorgeheizten Backofen 30–35 Minuten backen, anschließend herausnehmen, erkalten lassen und servieren.

Milchbrötchen

(ohne Abbildung)

ZUTATEN

Für den Teig:
500 g Weizenmehl (Type 405)
40 g Frischhefe
1 EL Malz
1 EL Zucker
1 TL Salz
300 ml warme Milch

Außerdem:
Milch zum Bestreichen
Mohn und Sesamsamen zum Tauchen
Fett zum Ausfetten

Menge:
Für 15 Stück:

Schwierigkeit:
leicht

Zubereitungszeit:
40 Minuten ohne Wartezeit

ZUBEREITUNG

1. Das Mehl mit der Hefe, dem Malz, dem Zucker, dem Salz und der Milch zu einem glatten, kompakten Teig verarbeiten und zugedeckt an einem warmen Ort 30 Minuten gehen lassen.

2. Den Teig erneut durchkneten und noch einmal 30 Minuten gehen lassen.

3. Den Teig auf einer bemehlten Arbeitsfläche erneut durchkneten und daraus 15 etwa 60 g schwere Teilchen formen. Je nach Geschmack ein Muster eindrücken.

4. Die Brötchen mit der Milch bestreichen, in Mohn oder Sesamsamen tauchen, auf ein ausgefettetes Backblech setzen, nochmals kurz gehen lassen und in dem auf 200–220 °C vorgeheizten Backofen 15–20 Minuten backen.

5. Nach Ende der Backzeit die Brötchen herausnehmen und noch warm servieren.

Kornspitz

ZUTATEN

100 g Roggenmehl Type 997
175 g dunkles Weizenmehl Type 1050
1 TL Salz
10 g Frischhefe
20 g Sauerteig
200 ml warmes Wasser
50 g Leinsamen
50 g Sesamsamen

ZUBEREITUNG

1. Das Roggenmehl und das Weizenmehl in eine Schüssel sieben und das Salz untermischen.

2. Die zerbröckelte Frischhefe, den Sauerteig und das Wasser dazugeben und die Zutaten mit dem Knethaken der Küchenmaschine zu einem glatten Teig verkneten.

3. Den Teig in Portionen à 50 g teilen. Die Teigstücke länglich und rund und an den Seiten etwas spitz formen.

4. Die Brötchen mit Wasser bestreichen, in den Leinsamen und Sesamsamen wälzen.

5. Die Kornspitz auf ein mit Backpapier ausgelegtes Backblech setzen, zugedeckt an einem warmen Ort zur doppelten Menge aufgehen lassen.

6. Die Kornspitz im auf 200 °C vorgeheizten Backofen etwa 20 Minuten backen, herausnehmen und auf einem Kuchengitter erkalten lassen.

Würziges Gänseschmalz:
Auf unserem Kornspitz schmeckt ganz besonders gut ein Gänseschmalz. Hierfür 250 g Gänseschmalz und 250 g Schweineschmalz in einen Topf geben und erhitzen. 1 Zwiebel und 2 Knoblauchzehen schälen, fein würfeln und ins Schmalz geben. 1 Apfel schälen, entkernen, in Würfel schneiden, mit 2 Lorbeerblättern, 2 Nelken, einige Pfefferkörnern, einige Pimentkörnern und einige Wacholderbeeren ebenfalls ins Schmalz geben. 1 rote Chilischote halbieren, entkernen, waschen, in sehr feine Würfel schneiden, ins Schmalz geben und das Ganze bei mäßiger Hitze 4–5 Minuten köcheln lassen. Anschließend das Gänseschmalz mit Salz und Pfeffer kräftig würzen, durch ein feines Sieb passieren, in ein Glas füllen und unter ständigem Rühren erkalten lassen.

Menge:
Für 11 Stück:

Schwierigkeit:
leicht

Zubereitungszeit:
50 Minuten ohne Wartezeit

Sauerrahmbrötchen

ZUTATEN

500 g Weizenmehl (Type 405)
100 g Sauerrahm
1 TL Salz
1 TL Zucker
200 ml lauwarmes Wasser
1 Würfel Frischhefe
Wasser zum Bestreichen
50 g geschälte Sonnenblumenkerne

Menge:
Für 12 Stück:

Schwierigkeit:
leicht

Zubereitungszeit:
40 Minuten
ohne Wartezeit

ZUBEREITUNG

1. Das gesiebte Weizenmehl mit dem Sauerrahm, dem Salz, dem Zucker und dem lauwarmem Wasser in eine Schüssel geben.

2. Die Frischhefe hineinbröckeln und die Zutaten mit dem Knethaken der Küchenmaschine zu einem glatten, kompakten Teig verarbeiten.

3. Den Hefeteig auf eine bemehlte Arbeitsfläche geben und kurz durchkneten. Aus dem Teig 12 gleich große Brötchen formen und diese über Kreuz mehrmals einschneiden.

4. Die Brötchen mit Wasser bestreichen, mit den geschälten Sonnenblumenkernen bestreuen, auf ein mit Backpapier ausgelegtes Backblech setzen und zugedeckt an einem warmen Ort zur doppelten Menge aufgehen lassen.

5. Die Brötchen im auf 180 °C vorgeheizten Backofen 20–25 Minuten backen, herausnehmen, erkalten lassen und servieren.

Brötchen mit Basilikum

(ohne Abbildung)

ZUTATEN

400 g Weizenmehl (Type 405)
1 Würfel Frischhefe
½ TL Salz
150 ml Olivenöl mit Basilikum
120 ml warmes Wasser

Menge:
Für 14 Stück:

Schwierigkeit:
leicht

Zubereitungszeit:
50 Minuten
ohne Wartezeit

ZUBEREITUNG

1. Das Weizenmehl in eine Schüssel sieben, die zerbröckelte Hefe, das Salz, das Olivenöl und das warme Wasser dazugeben.

2. Die Zutaten mit dem Knethaken der Küchenmaschine zu einem glatten Teig verkneten, in 14 Portionen teilen und diese rund formen.

3. Die Brötchen auf ein mit Backpapier ausgelegtes Backblech setzen und zugedeckt an einem warmen Ort zur doppelten Menge aufgehen lassen.

4. Die Brötchen mit Basilikum im auf 220 °C vorgeheizten Backofen 25–30 Minuten backen, aus dem Backofen nehmen, auf ein Kuchengitter setzen, vollständig auskühlen lassen und servieren.

Vinschgauer Fladen

ZUTATEN

350 g Roggenmehl Type 997
150 g Weizenmehl Type 1050
30 g Frischhefe
½ TL Zucker
ca. 250 ml warmes Wasser
½ EL Salz
15 g gemahlener Fenchel

Apfelschmalz:

Für die Vinschgauer Fladen empfehlen wir ein feines Apfelschmalz. Hierfür 500 g ausgelassenes Schweineschmalz in einen Topf geben und unter ständigem Rühren erhitzen. 2 Zwiebeln und 2 Knoblauchzehen schälen, fein würfeln, ins Schmalz geben und unter ständigem Rühren glasig schwitzen. 2 Äpfel schälen, entkernen, in feine Würfel oder Scheiben schneiden, ins Schmalz geben und ebenfalls unter ständigem Rühren glasig schwitzen. Das Schmalz mit Salz, Pfeffer, Zucker und Cayennepfeffer würzen, unter mehrmaligem Rühren vollständig erkalten lassen, in dekorative Gläser füllen und im Kühlschrank bis zum Verzehr kühl aufbewahren.

Menge:
Für 8 Stück:

Schwierigkeit:
leicht

Zubereitungszeit:
40 Minuten ohne Wartezeit

ZUBEREITUNG

1. Das Roggenmehl und das Weizenmehl in eine Schüssel sieben und eine Mulde eindrücken.

2. Die zerbröckelte Frischhefe mit dem Zucker und etwas warmem Wasser vermischen, in die Mulde geben und zugedeckt an einem warmen Ort 10 Minuten gehen lassen.

3. Das restliche Wasser angießen, das Salz und den Fenchel dazugeben und die Zutaten mit dem Knethaken der Küchenmaschine zu einem glatten Teig verkneten.

4. Den Teig in acht Portionen teilen, diese etwa 1 ½ cm dick ausrollen und mit einem Stäbchen mehrmals einstechen.

5. Die Fladen auf ein mit Backpapier ausgelegtes Backblech setzen und zugedeckt an einem warmen Ort zur doppelten Menge aufgehen lassen.

6. Die Fladen im auf 220 °C vorgeheizten Backofen etwa 15–20 Minuten backen, aus dem Ofen nehmen und auf einem Kuchengitter erkalten lassen.

Mohnhörnchen

ZUTATEN

500 g Mehl
30 g Frischhefe
1 TL Zucker
250 ml lauwarme Milch
1 TL Salz
50 g weiche Butter
1 Eigelb zum Bestreichen
Mohn zum Bestreuen

Erdbeerkonfitüre:
Zu den Mohnhörnchen passt sehr gut eine Erdbeerkonfitüre. Hierfür 1,5 kg frische Erdbeeren verlesen, waschen und klein schneiden. Die Erdbeeren mit 125 ml Rotwein, 4 TL Vanillearoma, 2 EL geriebener Zitronenschale und dem Saft von 1 Zitrone in eine saubere Schüssel geben und im Kühlschrank zugedeckt mindestens eine Stunde ziehen lassen. Anschließend das Ganze in einen Topf geben. 1 Messerspitze Einmachhilfe mit 1 Päckchen Zitronensäure und 750 g Gelierzucker Extra (2 : 1) hinzufügen und unterrühren. Die Konfitüre zum Kochen bringen und unter ständigem Rühren vier Minuten sprudelnd kochen lassen. Die Konfitüre in sterilisierte, heiß ausgespülte Twist-off-Gläser füllen, diese sofort verschließen, stürzen und erkalten lassen. Die Erdbeerkonfitüre bis zum Verzehr kühl und dunkel aufbewahren.

Menge:
Für 8 Stück:

Schwierigkeit:
leicht

Zubereitungszeit:
70 Minuten ohne Wartezeit

ZUBEREITUNG

1. Das gesiebte Mehl in eine Schüssel geben und eine Mulde eindrücken.

2. Die zerbröckelte Frischhefe mit dem Zucker und etwas lauwarmer Milch verrühren, in die Mulde geben und zugedeckt an einem warmen Ort 10 Minuten gehen lassen.

3. Die restliche Milch, das Salz und 50 g Butter dazugeben und die Zutaten mit dem Knethaken der Küchenmaschine zu einem glatten Teig verkneten.

4. Den Teig zugedeckt an einem warmen Ort zur doppelten Menge aufgehen lassen.

5. Den Teig auf einer bemehlten Arbeitsfläche durchkneten, ausrollen, mit 50 g zerlassener Butter bestreichen, zu einem Rechteck zusammenlegen und erneut zu einem Rechteck von 15 x 40 cm ausrollen.

6. Aus dem Teig acht Dreiecke schneiden und diese zu Hörnchen aufrollen.

7. Die Hörnchen mit verschlagenem Eigelb bestreichen, mit Mohn bestreuen, auf ein mit Backpapier ausgelegtes Backblech setzen, kurz gehen lassen und im auf 200 °C vorgeheizten Backofen 15–20 Minuten backen.

8. Die Mohnhörnchen aus dem Ofen nehmen und auf einem Kuchengitter erkalten lassen.

Wienerle im Brötchenteig

ZUTATEN

250 g Weizenmehl (Type 405)
½ Würfel Frischhefe
1 EL Malz
½ TL Salz
150 ml warmes Wasser
8–10 Wiener Würstchen

Menge:
Für 8–10 Stück:

Schwierigkeit:
leicht

Zubereitungszeit:
50 Minuten
ohne Wartezeit

ZUBEREITUNG

1. Das gesiebte Mehl mit der zerbröckelten Frischhefe, dem Malz, dem Salz und dem warmem Wasser mit dem Knethaken der Küchenmaschine zu einem glatten Teig verkneten.

2. Den Teig in 8–10 Portionen teilen und diese zu Rechtecken ausrollen. Auf jedes Teigstück ein Würstchen legen und zusammenrollen.

3. Die Brötchen auf ein mit Backpapier ausgelegtes Backblech setzen und zugedeckt an einem warmen Ort zur doppelten Menge aufgehen lassen.

4. Die Wienerle im Brötchenteig im auf 200 °C vorgeheizten Backofen etwa 20–25 Minuten backen, herausnehmen und warm servieren.

Rahmfladen mit Käse

(ohne Abbildung)

ZUTATEN

200 g Brotmehl (Type 1050)
100 g Roggenmehl (Type 1150)
50 g Weizenmehl (Type 405)
½ Würfel Frischhefe
15 g Sauerteigpulver
1 TL Salz
300 ml warmes Wasser

Für den Belag:
400 g Schmand
200 g geriebener Emmentaler
Salz, Pfeffer aus der Mühle
Kümmel zum Bestreuen

Menge:
Für 8–10 Stück:

Schwierigkeit:
leicht

Zubereitungszeit:
60 Minuten
ohne Wartezeit

ZUBEREITUNG

1. Das Brotmehl, das Roggenmehl und das Weizenmehl in einer Schüssel vermischen.

2. Die zerbröckelte Frischhefe, das Sauerteigpulver, das Salz und das warme Wasser dazugeben und die Zutaten mit dem Knethaken der Küchenmaschine zu einem glatten Teig verkneten.

3. Den Teig in 8–10 Portionen teilen, diese zu länglichen Fladen flach drücken und auf ein mit Backpapier ausgelegtes Backblech legen.

4. Für den Belag den Schmand mit dem geriebenen Emmentaler verrühren. Mit Salz und Pfeffer kräftig abschmecken und gleichmäßig auf den Fladen verteilen. Die Fladen mit Kümmel bestreuen und zugedeckt an einem warmen Ort zur doppelten Menge aufgehen lassen.

5. Die Rahmfladen in dem auf 220 °C vorgeheizten Backofen 20–25 Minuten backen, aus dem Ofen nehmen und servieren.

Haselnussbrot

ZUTATEN

250 g Dinkelmehl Type 630
250 g Weizenmehl Type 550
30 g Frischhefe
1 TL Zucker
320 ml lauwarmes Wasser
60 g Butter, 1 TL Salz
200 g ganze Haselnüsse
Butter und 80 g gehackte Haselnüsse für die Form

Menge:
Für 1 Brot:

Schwierigkeit:
leicht

Zubereitungszeit:
80 Minuten ohne Wartezeit

ZUBEREITUNG

1. Das Dinkelmehl und das Weizenmehl in einer Schüssel vermischen und eine Mulde eindrücken. Die zerbröckelte Frischhefe mit dem Zucker und etwas lauwarmem Wasser verrühren, in die Mulde geben und zugedeckt an einem warmen Ort 10 Minuten gehen lassen.

2. Das restliche Wasser, die Butter und das Salz dazugeben und die Zutaten mit dem Knethaken der Küchenmaschine zu einem glatten Teig verkneten.

3. Zum Schluss die Haselnüsse kurz unterkneten und den Teig zugedeckt an einem warmen Ort zur doppelten Menge aufgehen lassen.

4. Den Teig kurz kneten, in eine ausgefettete, mit Haselnüssen ausgestreute Zopfform legen und nochmals kurz gehen lassen.

5. Das Haselnussbrot in dem auf 180 °C vorgeheizten Backofen ca. 40 Minuten backen, aus dem Ofen nehmen und auf einem Kuchengitter erkalten lassen.

Kartoffel-Kräuter-Brot

(ohne Abbildung)

ZUTATEN

500 g Mehl
1 Päckchen Kartoffelpüreepulver
½ TL Salz
1 Päckchen Trockenhefe
2 Tassen gemischte, gehackte Kräuter
600–650 ml Wasser
Olivenöl für die Form
Sesam oder Kümmel zum Bestreuen

Menge:
Für 1 Brot:

Schwierigkeit:
leicht

Zubereitungszeit:
70 Minuten ohne Wartezeit

ZUBEREITUNG

1. Das Mehl mit dem Kartoffelpüreepulver, dem Salz und der Trockenhefe in eine Schüssel geben und vermischen.

2. Soviel Wasser dazugeben, dass eine kompakte Masse entsteht. Die Kräuter unterarbeiten.

3. Eine Kastenform mit Olivenöl auspinseln und mit Sesam- oder Kümmel ausstreuen.

4. Den Teig einfüllen, glatt streichen und ebenfalls mit Sesam oder Kümmel bestreuen.

5. Das Brot im auf 230 °C vorgeheizten Backofen 40–50 Minuten backen, herausnehmen, vollständig erkalten lassen und zum Verzehr bereitstellen.

Memminger Brot

ZUTATEN

500 g Weizenmehl Type 405
30 g Frischhefe
60 g Zucker
300 ml warme Milch
2 EL flüssige Butter
½ TL Salz
1 EL Aniskörner
2 EL Rum
30 g Zitronat
30 g Orangeat

Außerdem:
Butter zum Ausfetten

Rotwein-Gewürz-Gelee:
Zum Memminger Brot servieren wir ein Rotwein-Gewürz-Gelee. Hierfür 2 unbehandelte Orangen gründlich waschen, dünn schälen und die Orangen und 1 Zitrone auspressen. Die Orangenschalen mit dem Orangensaft, dem Zitronensaft, 1 Flasche trockenem Rotwein, einigen Nelken und 2–3 Zimtstangen in einen Topf geben. Eine Messerspitze Einmachhilfe, ein Päckchen Zitronensäure und 1 kg Gelierzucker (1 : 1) unterrühren, alles zum Kochen bringen und unter ständigem Rühren vier Minuten sprudelnd kochen lassen. Die Nelken und die Zimtstangen herausnehmen. Das Gelee in sterilisierte, heiß ausgespülte Twist-off-Gläser füllen, sofort verschließen, stürzen und erkalten lassen.

Menge:
Für 1 Brot:

Schwierigkeit:
mittel

Zubereitungszeit:
70 Minuten
ohne Wartezeit

ZUBEREITUNG

1. Das Mehl in eine Schüssel sieben und eine Mulde eindrücken. Die zerbröckelte Frischhefe mit 1 TL Zucker und etwas warmer Milch verrühren, in die Mulde geben und zugedeckt an einem warmen Ort 10 Minuten gehen lassen.

2. Den restlichen Zucker, die Milch, die flüssige Butter, das Salz, den Anis und den Rum dazugeben und die Zutaten mit dem Knethaken der Küchenmaschine zu einem glatten Teig verkneten.

3. Das fein gewürfelte Zitronat und Orangeat zum Schluss darunterkneten. Den Teig 1 cm dick ausrollen, 12 Kreise à 8 cm Durchmesser ausstechen und diese zusammenklappen.

4. Den restlichen Teig nochmals verkneten, in der Größe einer Kastenform (25 x 11 cm) ausrollen und in die ausgefettete Form legen.

5. Die Teigstücke mit der Öffnung nach oben in die Form stellen und das Brot zugedeckt an einem warmen Ort zur doppelten Menge aufgehen lassen.

6. Das Memminger Brot im auf 200 °C vorgeheizten Backofen 40 Minuten backen, aus dem Ofen nehmen und auf einem Kuchengitter erkalten lassen.

Kräuterbrötchen

ZUTATEN

500 g Mehl
1 Päckchen Trockenhefe
250 ml lauwarmes Wasser
1 TL Zucker
1 TL Salz
50 ml Olivenöl
50 g gemischte, frische Kräuter (Rosmarin, Thymian, Mayoran, Petersilie)
Fett für das Backblech

Kräuterquark:

Für die Kräuterbrötchen empfehlen wir selbstverständlich einen Kräuterquark. Hierfür vier Schalotten schälen und fein würfeln. 50 g gemischte Kräuter verlesen, waschen, abtropfen lassen und fein hacken. 1 Knoblauchzehe schälen und hacken. 500 g Quark mit 50 ml süßer Sahne in eine Schüssel geben und mit einem Schneebesen kräftig glatt rühren. Die Schalotten, die Kräuter und den Knoblauch hinzufügen und untermischen. Mit Salz, Pfeffer, Cayennepfeffer, Zitronensaft, Worcestersoße und 1 EL Pesto (Fertigprodukt) abschmecken.

Menge:
Für 10–12 Stück:

Schwierigkeit:
leicht

Zubereitungszeit:
50 Minuten ohne Wartezeit

ZUBEREITUNG

1. Das Mehl in eine Schüssel sieben und mit der Trockenhefe vermischen. Das Wasser, den Zucker, das Salz und das Olivenöl dazugeben.

2. Die verlesenen, gewaschenen und fein gehackten Kräuter mit der Mehlmischung hinzufügen und das Ganze mit dem Knethaken einer Küchenmaschine zu einem glatten, kompakten Teig verkneten.

3. Den Teig in eine mit Olivenöl ausgestrichene Schüssel geben, mit einem sauberen Küchentuch abdecken und den Teig an einem warmen Ort zur doppelten Menge (etwa 30 Minuten) aufgehen lassen.

4. Den Teig auf einer bemehlten Arbeitsfläche mit bemehlten Händen nochmals kräftig durchkneten. Aus dem Teig 20–24 Brötchen formen, diese nochmals kurz gehen lassen und im auf 200–220 °C vorgeheizten Backofen 15–20 Minuten backen.

5. Nach Ende der Backzeit die fertig gebackenen Brötchen aus dem Backofen nehmen und noch warm servieren.

Dinkelkrustis

ZUTATEN

250 g Dinkelvollkornmehl
½ TL Salz
½ Würfel Frischhefe
1 EL Malz
175 ml warmes Wasser

Menge:
Für 8 Stück:

Schwierigkeit:
leicht

Zubereitungszeit:
40 Minuten
ohne Wartezeit

ZUBEREITUNG

1. Das Mehl mit dem Salz, der zerbröckelten Frischhefe, dem Malz und dem Wasser in eine Schüssel geben und mit dem Knethaken der Küchenmaschine zu einem glatten Teig verkneten.

2. Den Teig in acht Portionen teilen, diese zu länglichen Brötchen formen, auf ein mit Backpapier ausgelegtes Backblech setzen, der Länge nach einschneiden und zugedeckt an einem warmen Ort zur doppelten Menge aufgehen lassen.

3. Die Dinkelkrustis im auf 220 °C vorgeheizten Backofen etwa 25 Minuten backen, herausnehmen, erkalten lassen und servieren.

Mandelbrötchen

(ohne Abbildung)

ZUTATEN

500 g Weizenmehl
1 Becher Sahne
1 Würfel Hefe
2 EL brauner Zucker
1 Prise Salz
1 EL gehackte Mandeln
Mehl für die Arbeitsfläche
2 Eigelb
Wasser zum Bestreichen
Mandelblättchen, gehackte Pistazien oder Kümmel zum Bestreuen

Menge:
Für 8 Stück:

Schwierigkeit:
leicht

Zubereitungszeit:
40 Minuten
ohne Wartezeit

ZUBEREITUNG

1. Das Mehl in eine Schüssel sieben und eine Mulde eindrücken. Die Sahne lauwarm erhitzen, die Hefe und den braunen Zucker einrühren und 10 Minuten gehen lassen.

2. Die Hefemischung mit dem Salz und den gehackten Mandeln zum Mehl geben und alles zu einem kompakten Teig verarbeiten. Den Teig mit einem Kochlöffel solange schlagen, bis er Blasen wirft. Mit einem Küchentuch bedecken und an einem warmen Ort 30 Minuten gehen lassen.

3. Den Teig auf einer bemehlten Arbeitsfläche kräftig durchkneten, erneut 30 Minuten gehen lassen. Anschließend in acht gleich große Stücke teilen und Brötchen formen.

4. Die Brötchen auf ein mit Backpapier ausgelegtes Backblech setzen. Die Eigelbe mit einem Schuss Wasser verquirlen, die Brötchen damit bestreichen und mit Mandelblättchen, gehackten Pistazien oder Kümmel bestreuen.

5. Die Mandelbrötchen in dem auf 180–200 °C vorgeheizten Backofen 15–20 Minuten backen, herausnehmen, erkalten lassen und zum Verzehr bereitstellen.

Haferflocken-brötchen

ZUTATEN

250 g Weizenvollkornmehl (Type 1700)
50 g kernige Haferflocken
15 g Frischhefe
100–125 ml Buttermilch
50 g Magerquark
½ TL Salz
20 g weiche Butter
15 g Sesamsamen

Außerdem:
Wasser zum Bestreichen
Haferflocken zum Bestreuen

Pflaumenmarmelade:
Zu den Haferflockenbrötchen passt sehr gut eine Pflaumenmarmelade. Hierfür 1 kg Pflaumen waschen, halbieren, entsteinen, in kleine Stücke schneiden und in einen Topf geben. 125 ml weißer oder brauner Rum, 2 Zimtstangen, einige Nelken und zwei halbierte und der Länge nach aufgeschnittene Vanilleschoten hinzufügen. 1 Messerspitze Einmachhilfe mit 1 Päckchen Zitronensäure und 500 g Gelierzucker Extra (2 : 1) unterrühren, alles zum Kochen bringen und unter ständigem Rühren vier Minuten sprudelnd kochen lassen. Die Zimtstangen, die Nelken und die Vanilleschoten herausnehmen. Die Marmelade in sterilisierte, heiß ausgespülte Twist-off-Gläser füllen, diese sofort gut verschließen und erkalten lassen.

Menge:
Für 8–10 Stück:

Schwierigkeit:
leicht

Zubereitungszeit:
60 Minuten
ohne Wartezeit

ZUBEREITUNG

1. Das Mehl mit den Haferflocken in einer Schüssel vermischen. Die zerbröckelte Hefe und die leicht erwärmte Buttermilch dazugeben.

2. Den Magerquark, das Salz, die weiche Butter und den Sesam hinzufügen und die Zutaten mit dem Knethaken der Küchenmaschine zu einem glatten Teig verkneten.

3. Den Teig in 8–10 Portionen teilen, diese zu Brötchen formen, mit Wasser bestreichen und mit Haferflocken bestreuen.

4. Die Brötchen auf ein mit Backpapier ausgelegtes Backblech setzen und zugedeckt an einem warmen Ort zur doppelten Menge aufgehen lassen.

5. Die Brötchen in dem auf 180–200 °C vorgeheizten Backofen 20–25 Minuten backen, herausnehmen und erkalten lassen.

Vollkornbrötchen

ZUTATEN

125 g Weizenvollkornschrot
250 ml heißes Wasser
200 g Weizenmehl (Type 405)
½ Würfel Frischhefe
1 TL Malz
1 gestrichener TL Salz

ZUBEREITUNG

1. Den Weizenvollkornschrot in eine Schüssel geben, mit heißem Wasser übergießen und 1–2 Stunden einweichen.

2. Das gesiebte Mehl mit der zerbröckelten Hefe, dem Malz und dem Salz zum Schrot geben und mit dem Knethaken der Küchenmaschine zu einem glatten Teig verkneten.

3. Den Teig in 8–10 Portionen teilen und diese zu Rechtecken formen.

4. Die Vollkornbrötchen auf ein mit Backpapier ausgelegtes Backblech setzen und zugedeckt an einem warmen Ort zur doppelten Menge aufgehen lassen.

5. Die Vollkornbrötchen in dem auf 220 °C vorgeheizten Backofen 20–25 Minuten backen, herausnehmen, erkalten lassen und servieren.

Tomatenaufstrich:
Für die Vollkornbrötchen empfehlen wir einen Tomatenaufstrich. Hierfür 250 g Tomaten enthäuten, entkernen, in feine Würfel schneiden und in eine Schüssel geben. 250 g Mozzarella abtropfen lassen, fein würfeln und zu den Tomaten geben. 1 Glas mit Paprika gefüllte Oliven, 1 Röhrchen Kapern und 4 Anchovisfilets fein hacken und alles gut verrühren. Den Aufstrich mit Balsamicoessig beträufeln, mit Salz, Pfeffer aus der Mühle, Zucker und Chilipulver würzen. Einige Tropfen Olivenöl tropfenweise einrühren und den Tomatenaufstrich zu den Brötchen servieren.

Menge:
Für 8–10 Stück:

Schwierigkeit:
leicht

Zubereitungszeit:
40 Minuten
ohne Wartezeit

Mehrkornbrötchen

ZUTATEN

100 g Roggenmehl (Type 1150)
180 g Brotmehl (Type 1050)
50 g Weizenschrot
20 g Frischhefe
10 g Sauerteigpulver
1 TL Salz, 1 EL Malz
270 ml warmes Wasser
Wasser zum Bestreichen
1 EL Sesamsamen
1 EL Leinsamen
1 EL Sonnenblumenkerne

ZUBEREITUNG

1. Das Roggenmehl, das Brotmehl und den Weizenschrot in einer Schüssel vermischen.

2. Die zerbröckelte Frischhefe, das Sauerteigpulver, das Salz, das Malz und das warme Wasser dazugeben.

3. Die Zutaten mit dem Knethaken der Küchenmaschine zu einem glatten Teig verkneten.

4. Den Teig in 12 Portionen teilen, diese zu Kugeln drehen und mit Wasser bestreichen.

5. Die Sesamsamen, den Leinsamen und die Sonnenblumenkerne vermischen und die Teigkugeln darin wälzen.

6. Die Mehrkornbrötchen auf ein mit Backpapier ausgelegtes Backblech setzen, in der Mitte einschneiden und zugedeckt an einem warmen Ort zur doppelten Menge aufgehen lassen.

7. Die Mehrkornbrötchen in dem auf 220 °C vorgeheizten Backofen 25–30 Minuten backen, aus dem Ofen nehmen, erkalten lassen und servieren.

Aglio e Olio:

Zu Mehrkornbrötchen schmeckt ganz besonders gut eine Aglio e Olio. Hierfür 2–3 EL Butter mit 50 ml Olivenöl in einer Pfanne erhitzen. 1 Zwiebel und 6 Knoblauchzehen schälen, fein würfeln, ins Fett geben und glasig schwitzen. 1 kleine rote Peperoni putzen, halbieren, entkernen, fein schneiden, zu den Knoblauchzwiebeln geben und kurz mitbraten. 200 g getrocknete Tomaten in feine Würfel schneiden, zu den Knoblauchzwiebeln geben und mitschwitzen. 100 ml Gemüse- oder Fleischbrühe angießen und das Ganze bei mäßiger Hitze 4–5 Minuten köcheln lassen. Mit Salz, Pfeffer, Muskat, Cayennepfeffer und Zitronensaft kräftig abschmecken. Den Aufstrich vom Herd nehmen und vollständig erkalten lassen.

Menge:
Für 12 Stück:

Schwierigkeit:
leicht

Zubereitungszeit:
50 Minuten
ohne Wartezeit

Roggenbrötchen mit Speck

ZUTATEN

200 g Roggenmehl (Type 1150)
150 g Brotmehl (Type 1050)
15 g Sauerteigpulver
½ Würfel Frischhefe
1 TL Salz
300 ml warmes Wasser
200 g Bauchspeck

Variation:
Unsere Roggenbrötchen können Sie auch sehr gut mit gekochtem oder geräuchertem Schinken füllen. Ganz besonders gut schmecken die Brötchen, wenn Sie diese mit Speckzwiebeln füllen. Hierfür werden Zwiebel- und Speckwürfelchen angeschwitzt. Diese dann mit Salz und Pfeffer aus der Mühle gewürzt und zum Schluss noch mit frischen Kräutern verfeinert.

ZUBEREITUNG

1. Das Roggenmehl mit dem Brotmehl, dem Sauerteigpulver, der zerbröckelten Hefe, dem Salz und dem Wasser in eine Schüssel geben.

2. Die Zutaten mit dem Knethaken der Küchenmaschine zu einem glatten Teig verkneten.

3. Aus dem Teig 10 kleine Brötchen abdrehen. In die Mitte der Brötchen je eine Vertiefung eindrücken, etwas gewürfelten Speck hineingeben und den Teig darüber zusammendrücken.

4. Die Brötchen auf ein mit Backpapier ausgelegtes Backblech setzen und zugedeckt an einem warmen Ort zur doppelten Menge aufgehen lassen.

5. Die Brötchen in dem auf 200–220 °C vorgeheizten Backofen etwa 25 Minuten backen, herausnehmen und vollständig auskühlen lassen.

Menge:
Für 10 Stück:

Schwierigkeit:
leicht

Zubereitungszeit:
60 Minuten
ohne Wartezeit

Sesambrezeln

ZUTATEN

375 g Weizenmehl (Type 405)
1 EL Butter
½ TL Salz
1 EL Malz
20 g Hefe
180 ml kaltes Wasser

Außerdem:
Wasser zum Bestreichen
Sesamsamen zum Bestreuen

ZUBEREITUNG

1. Das Mehl in eine Schüssel sieben. Die weiche Butter, das Salz, das Malz und die zerbröckelte Hefe dazugeben und alles vermischen.

2. Das Wasser angießen und die Zutaten mit dem Knethaken der Küchenmaschine zu einem glatten Teig verrühren.

3. Den Teig in 8–10 Stücke teilen. Jedes Teigstück zu einer Rolle formen und zu Brezeln verschlingen.

4. Die Brezeln mit wenig Wasser bestreichen und die Sesamsamen daraufstreuen.

5. Die Brezeln zugedeckt an einem warmen Ort zur doppelten Menge aufgehen lassen.

6. Die Sesambrezeln im vorgeheizten Backofen bei etwa 200–220 °C ca. 25 Minuten backen, herausnehmen und vollständig erkalten lassen.

Aglio e Olio:

Zu unseren Sesambrezeln schmeckt ganz besonders gut eine Salamicreme. Hierfür 250 g Magerquark mit 50 ml Sahne in einer Schüssel glatt rühren. 100 g Salami in feine Würfel schneiden. 1 Zwiebel schälen und fein würfeln. 50 g getrocknete, eingelegte Tomaten fein hacken. Mit 1 Bund verlesenem, gewaschenem und fein geschnittenem Basilikum zur Quarkmasse geben und alles gut vermischen. Die Masse mit Salz, Pfeffer, Cayennepfeffer, Zitronensaft und Worcestersoße kräftig abschmecken und gut gekühlt servieren.

Menge:
Für 8–10 Stück:

Schwierigkeit:
mittel

Zubereitungszeit:
60 Minuten ohne Wartezeit

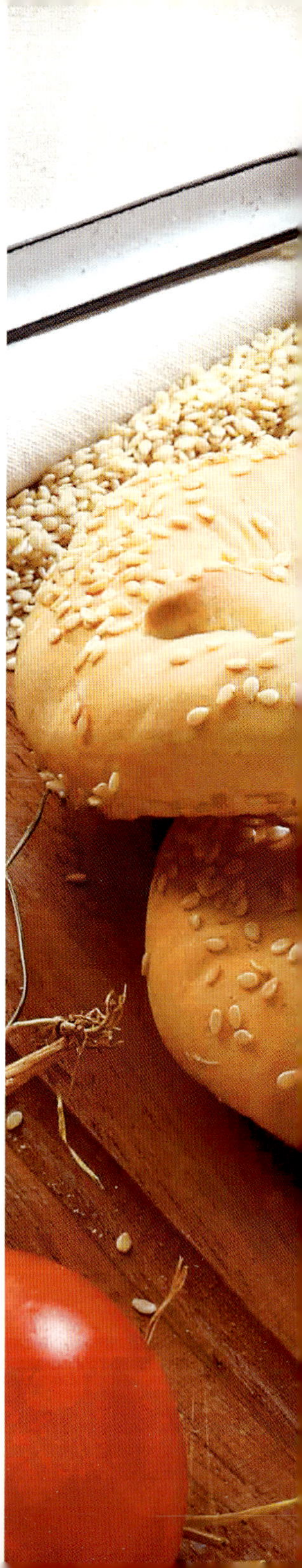

Bierstangen

ZUTATEN

100 g Roggenschrot
70 g Roggenmehl (Type 1150)
180 g Brotmehl (Type 1050)
20 g Frischhefe
10 g Sauerteigpulver
1 TL Salz
1 EL Malz
270 ml Bier

Außerdem:
Roggenschrot zum Wälzen

ZUBEREITUNG

1. Den Roggenschrot, das Roggenmehl und das Brotmehl in einer Schüssel vermischen.

2. Die zerbröckelte Frischhefe, das Sauerteigpulver, das Salz, das Malz und das Bier dazugeben und die Zutaten mit dem Knethaken der Küchenmaschine zu einem glatten Teig verkneten.

3. Den Teig in 12–15 Portionen teilen und diese zu Stangen ausrollen. Die Bierstangen in Roggenschrot wälzen und auf ein mit Backpapier ausgelegtes Backblech setzen.

4. Die Bierstangen mehrmals diagonal einschneiden und zugedeckt an einem warmen Ort zur doppelten Menge aufgehen lassen.

5. Die Bierstangen in dem auf 200 °C vorgeheizten Backofen 20–25 Minuten backen, aus dem Ofen nehmen, erkalten lassen und servieren.

Obatzda:
Zu unseren Bierstangen schmeckt ganz besonders gut ein angemachter Käse. Hierfür 400 g reifen Camembert in eine Schüssel geben und mit einer Gabel zerdrücken. 200 g Doppelrahmfrischkäse und 100 g weiche Butter hinzufügen und das Ganze zu einer glatten Creme verrühren. 100 g Schalotten schälen und würfeln, unter die Creme ziehen und das Ganze mit Salz, Pfeffer, Paprikapulver, Kümmelpulver und Cayennepfeffer kräftig abschmecken. Den Käse mit Kirschwasser aromatisieren und im Kühlschrank mindestens eine Stunde ziehen lassen.

Menge:
Für 12–15 Stück:

Schwierigkeit:
leicht

Zubereitungszeit:
60 Minuten
ohne Wartezeit

Butter-Mohn-Hirse-Stangen

ZUTATEN

380 g Weizenmehl (Type 405)
40 g Butter
½ TL Salz
1 Würfel Frischhefe
100 ml warmes Wasser
120 ml warme Milch

Außerdem:
Wasser zum Bestreichen
4 EL Mohn
4 EL Hirse

Lachscreme:

Zu unseren Butter-Mohn-Hirse-Stangen schmeckt ganz besonders gut eine Lachscreme. Hierfür 200 g saure Sahne mit 3 EL Mayonnaise in eine Schüssel geben und glatt rühren. 1 Schuss Wein und einige Tropfen Aceto balsamico unter die Creme mischen. Je ½ Bund verlesenen, gewaschenen und fein gehackten Basilikum und Oregano untermischen. Die Creme mit Salz, Pfeffer, Cayennepfeffer und Zucker kräftig abschmecken. 200 g geräucherten Lachs fein würfeln, unter die Creme heben und bis zum Verzehr kühl aufbewahren.

ZUBEREITUNG

1. Das Mehl in eine Schüssel sieben, die weiche Butter, das Salz und die zerbröckelte Hefe untermischen.

2. Das warme Wasser und die Milch angießen und alles zu einem glatten Teig verkneten.

3. Den Teig in 20 Portionen teilen. Diese zu Kugeln formen, kurz ruhen lassen und anschließend zu 15 cm langen Stangen ausrollen.

4. 10 Stangen mit Wasser bestreichen und im Mohn rollen. Die restlichen 10 Stangen mit Wasser bestreichen und in der Hirse rollen.

5. Je eine Mohn- und eine Hirsestange zu einer Kordel drehen und die Kordeln zugedeckt an einem warmen Ort zur doppelten Menge aufgehen lassen.

6. Die Kordeln auf ein mit Backpapier ausgelegtes Backblech setzen und in dem auf 220 °C vorgeheizten Backofen 20–25 Minuten backen.

7. Die Butter-Mohn-Hirse-Stangen aus dem Ofen nehmen, vollständig auskühlen lassen und servieren.

Menge:
Für 10 Stück:

Schwierigkeit:
mittel

Zubereitungszeit:
60 Minuten
ohne Wartezeit

Butterhörnchen

ZUTATEN

370 g Weizenmehl (Type 405)
40 g Butter
½ Würfel Frischhefe
200–250 ml warme Milch
½ TL Salz

Außerdem:
1 Eigelb zum Bestreichen

Erdbeer-Kumquat-Konfitüre:
Zu unseren Butterhörnchen schmeckt ganz besonders eine Erdbeer-Kumquat-Konfitüre. Hierfür 750 g Erdbeeren verlesen, waschen, gut abtropfen lassen und klein schneiden. 250 g Kumquats unter heißem Wasser abbürsten und in Scheiben schneiden. Die Kumquats mit 200 ml Rotwein, 2 Zweigen verlesenem, gewaschenem Rosmarin und 2 Päckchen Vanillezucker in einen Topf geben, zum Kochen bringen und 6–8 Minuten kochen lassen. Anschließend das Ganze vom Herd nehmen und vollständig erkalten lassen. Die Rosmarinzweige aus dem Sud nehmen. Die Erdbeeren und 500 g Super Gelierzucker dazugeben und mit dem Kochlöffel gut verrühren. Den Topf auf die heiße Herdplatte stellen, das Ganze unter ständigem Rühren zum Kochen bringen und 4–5 Minuten sprudelnd kochen. Die Erdbeer-Kumquat-Konfitüre abschäumen, in dekorative, saubere Einmachgläser füllen, sofort verschließen und bis zum Verzehr kühl und dunkel aufbewahren.

Menge:
Für 10 Stück:

Schwierigkeit:
leicht

Zubereitungszeit:
50 Minuten
ohne Wartezeit

ZUBEREITUNG

1. Das Mehl in eine Schüssel sieben, die Butter in Flöckchen dazugeben.

2. Die zerbröckelte Frischhefe, die warme Milch und das Salz hinzufügen und die Zutaten mit dem Knethaken der Küchenmaschine zu einem glatten Teig verarbeiten.

3. Den Teig in 10 Portionen teilen, die Teigstücke zu Dreiecken ausrollen und diese zu Hörnchen drehen.

4. Die Hörnchen auf ein mit Backpapier ausgelegtes Backblech setzen und zugedeckt an einem warmen Ort zur doppelten Menge aufgehen lassen.

5. Die Hörnchen mit verquirltem Eigelb bestreichen und in dem auf 220 °C vorgeheizten Backofen 15–20 Minuten backen.

6. Nach Ende der Backzeit die Butterhörnchen aus dem Ofen nehmen, abkühlen lassen und servieren.

Partyrad

ZUTATEN

400 g Weizenmehl (Type 405)
½ Würfel Frischhefe
1 EL Malz
1 gestrichener TL Salz
250 ml warmes Wasser

Außerdem:
Wasser zum Bestreichen
ungemahlener Mohn,
Sesamsamen,
Leinsamen und
Sonnenblumenkerne
zum Bestreuen

ZUBEREITUNG

1. Das gesiebte Mehl mit der zerbröckelten Frischhefe, dem Malz, dem Salz und dem warmem Wasser in eine Schüssel geben und mit dem Knethaken der Küchenmaschine zu einem glatten Teig verkneten.

2. Den Teig in 13 Portionen teilen und diese zu Kugeln formen.

3. Die Kugeln leicht mit Wasser bestreichen, abwechselnd mit Mohn, Sesamsamen, Leinsamen und Sonnenblumenkernen bestreuen.

4. Die Brötchen auf einem mit Backpapier ausgelegten Backblech dicht aneinander zu einem Rad legen und zugedeckt an einem warmen Ort zur doppelten Menge aufgehen lassen.

5. Das Partyrad im auf 220 °C vorgeheizten Backofen etwa 35–40 Minuten backen.

6. Nach Ende der Backzeit das Partyrad aus dem Ofen nehmen, erkalten lassen und servieren.

Tomatencreme:

Zu unserem Partyrad schmeckt ganz besonders gut eine Tomatencreme. Hierfür 200 g Doppelrahmfrischkäse, 1 EL mittelscharfen Senf und 4 EL Tomatenmark in eine Schüssel geben und mit einem Schneebesen glatt rühren. Die Creme mit Paprikapulver, Salz, Pfeffer, Zucker, Zitronensaft, Worcestersoße und Pfeffersoße abschmecken. Die Tomatencreme in einer Schale dekorativ anrichten, mit Kräuterzweigen garnieren und bis zum Verbrauch kühl stellen.

Menge:
Für 13 Brötchen:

Schwierigkeit:
mittel

Zubereitungszeit:
70 Minuten ohne Wartezeit

Käserollen

ZUTATEN

300 g Weizenmehl (Type 405)
25 g Butter
1 TL Salz
1 EL Malz
20 g Frischhefe
ca. 150 ml warmes Wasser

Außerdem:
Wasser zum Bestreichen
200 g geriebener Käse

Variation:
Sie können je nach Geschmack geriebenen Emmentaler oder Gouda verwenden. Auch ein geriebener Pecorino, Provolone oder Fontina-Käse gibt den Käserollen den besonderen Geschmack.

ZUBEREITUNG

1. Das Mehl mit der weichen Butter, dem Salz, dem Malz und der zerbröckelten Hefe in einer Schüssel vermischen.

2. Das warme Wasser angießen und alles zu einem glatten Teig verkneten.

3. Den Teig in 8–10 Portionen teilen, aus den Teigstücken Kreise formen und diese mit dem Nudelholz zu 10–12 cm lange Fladen ausrollen.

4. Die Fladen mit Wasser bestreichen. Auf jedes Stück etwas geriebenen Käse streuen, zusammenrollen, erneut mit Wasser bestreichen und mit Käse bestreuen.

5. Die Käserollen zugedeckt an einem warmen Ort zur doppelten Menge aufgehen lassen.

6. Die Käserollen im vorgeheizten Backofen bei 220 °C etwa 20–25 Minuten backen, herausnehmen, auskühlen lassen und servieren.

Menge:
Für 8–10 Stück:

Schwierigkeit:
leicht

Zubereitungszeit:
60 Minuten ohne Wartezeit

Blätterteigstangen

ZUTATEN

1 Packung Blätterteig (TK-Produkt)
50 g gemischte Kräuter (Estragon, Rosmarin, Majoran, Basilikum)
75 g geriebener Parmesankäse
1 EL Paprikapulver edelsüß
Salz, Pfeffer aus der Mühle

Menge:
Für 4 Personen:

Schwierigkeit:
leicht

Zubereitungszeit:
40 Minuten
ohne Wartezeit

ZUBEREITUNG

1. Die Blätterteigscheiben auf einer Arbeitsfläche auftauen lassen. Die Scheiben der Länge nach mit einem Messer auseinanderschneiden.

2. Die verlesenen, gewaschenen und fein gehackten Kräuter mit dem Parmesankäse und dem Paprikapulver vermischen.

3. Die Blätterteigstücke mit der Mischung bestreuen, die Enden aufnehmen und entgegengesetzt eindrehen.

4. Die gewürzten Blätterteigstangen auf ein mit Wasser benetztes Backblech setzen und im auf 180–200 °C vorgeheizten Backofen 12–15 Minuten backen.

5. Die Blätterteigstangen aus dem Ofen nehmen, dekorativ anrichten und warm oder kalt servieren.

Süße Quarkbrötchen

(ohne Abbildung)

ZUTATEN

250 g Sahnequark
250 g Weizenmehl
1 Päckchen Backpulver
1 Prise Salz
1 Ei
1 TL Zucker

Menge:
Für 10 Stück:

Schwierigkeit:
leicht

Zubereitungszeit:
40 Minuten
ohne Wartezeit

ZUBEREITUNG

1. Den Sahnequark in eine Schüssel geben. Das gesiebte Mehl mit dem Backpulver vermischen, mit dem Salz, dem Zucker und dem Ei zum Quark geben und das Ganze zu einem glatten Teig verarbeiten.

2. Aus dem Teig kleine Brötchen formen und diese auf ein mit Backpapier ausgelegtes Backblech setzen.

3. Die Brötchen im auf 180 °C vorgeheizten Backofen 20 Minuten backen, herausnehmen und auf einem Kuchengitter erkalten lassen.

Parmesanstangen

ZUTATEN

275 g Weizenmehl (Type 405)
50 g Sonnenblumenöl
½ Würfel Frischhefe
150 ml warme Milch
½ TL Salz
1 EL geriebener Parmesankäse
250 g Blätterteig (TK-Produkt)

Außerdem:
Milch zum Bestreichen
2 gehäufte EL geriebener Parmesankäse
1 TL Paprikapulver

ZUBEREITUNG

1. Das gesiebte Mehl mit dem Öl, der zerbröckelten Frischhefe, der Milch, dem Salz und dem Parmesankäse in eine Schüssel geben und mit dem Knethaken der Küchenmaschine zu einem glatten Teig verkneten.

2. Die Blätterteigscheiben auf einer bemehlten Arbeitsfläche auftauen lassen. Den Hefeteig ausrollen, den Blätterteig darauflegen und in den Hefeteig einschlagen. Den Teig zu einem langen Rechteck ausrollen.

3. Eine Seite bis zur Mitte legen, die zweite Seite darüberlegen und das Ganze zugedeckt im Kühlschrank 10 Minuten ruhen lassen. Anschließend den Vorgang wiederholen und weitere 10 Minuten ruhen lassen.

4. Den Teig zu einem langen Rechteck ausrollen und beide Enden zur Mitte legen. Den Teig zusammenklappen und im Kühlschrank ½ Stunde ruhen lassen.

5. Anschließend den Teig 2 cm dick ausrollen und mit Milch bestreichen. Den Parmesankäse mit dem Paprikapulver vermischen und den Teig damit bestreuen.

6. Den Teig in 3 cm breite Streifen schneiden, diese zu Kordeln drehen, auf ein mit Backpapier ausgelegtes Backblech setzen und in dem auf 200 °C vorgeheizten Ofen 20 Minuten backen.

7. Nach Ende der Backzeit die Parmesanstangen aus dem Ofen nehmen, erkalten lassen und servieren.

Parmesan:
Parmesan (Parmigiano Reggiano) – Der wohl berühmteste Käse Italiens (auch König der Käse genannt) ist eigentlich der typische Pastakäse, wird aber auch gerne zum Backen und Überbacken verwendet. Der halbfette, extraharte Hartkäse aus entrahmter, roher Kuhmilch reift mindestens ein Jahr, meist aber zwei bis drei Jahre. Der aus der Emilia-Romagna stammende Käse wird in den Provinzen Bologna, Modena, Parma und Reggio Emilia hergestellt – die Milch liefern ausschließlich Kühe, die in diesen Gebieten aufgezogen wurden. Seit jetzt 700 Jahren sind die Zutaten des Parmigiano Reggiano unverändert geblieben: Milch, Lab und Feuer!

Menge:
Für 20 Stück:

Schwierigkeit:
mittel

Zubereitungszeit:
40 Minuten ohne Wartezeit

Pizzazungen

ZUTATEN

Für den Pizzateig:
375 g Weizenmehl (Type 405)
1 TL Salz
1 EL Sauerteigpulver
1 EL Malz
1 Würfel Frischhefe
ca. 225 ml warmes Wasser

Für den Belag:
je ½ rote und gelbe Paprikaschote
100 g Champignons
2 Tomaten
150 g gekochter Schinken
250 g geriebener Gouda

ZUBEREITUNG

1. Das gesiebte Mehl mit dem Salz, dem Sauerteigpulver, dem Malz, der zerbröckelten Frischhefe und dem warmen Wasser in eine Schüssel geben und mit dem Knethaken der Küchenmaschine zu einem glatten Teig verkneten.

2. Den Teig in 10 Portionen teilen, diese zu länglichen Zungen ausrollen und auf ein mit Backpapier ausgelegtes Backblech legen.

3. Für den Belag die Paprikaschoten entkernen, waschen, gut abtropfen lassen und in feine Streifen schneiden.

4. Die Champignons putzen und in Scheiben schneiden. Die Tomaten waschen, halbieren, den Strunk herausschneiden und entkernen. Die Tomaten in Stücke schneiden.

5. Den Schinken in feine Streifen oder Würfel schneiden, mit dem Gemüse auf den Teigzungen verteilen und diese zugedeckt an einem warmen Ort zur doppelten Menge aufgehen lassen.

6. Die Pizzazungen mit dem geriebenen Käse bestreuen und in dem auf 220 °C vorgeheizten Backofen 30–35 Minuten backen.

7. Nach Ende der Backzeit die Pizzazungen aus dem Ofen nehmen und warm servieren.

Tipp:
Schwarze Oliven werden reif geerntet. Oft verfeinert man die Lake, in der man die Oliven einlegt, noch durch Zugabe von Kräutern (Thymian und Oregano) oder Knoblauch. Sehr gerne werden deshalb diese Oliven auch auf unseren Pizzazungen verwendet.

Mozzarella:
Mozzarella ist ein milder, leicht säuerlicher Käse – der Pizzakäse schlechthin. Früher wurde er aus Büffelmilch hergestellt, heute jedoch hauptsächlich aus Kuhmilch. Mozzarella wird mit etwas Lake verpackt und kommt so zu uns in den Handel.

Menge:
Für 10 Stück:¡

Schwierigkeit:
leicht

Zubereitungszeit:
50 Minuten
ohne Wartezeit

Tomatenpizza mit Mozzarella

ZUTATEN

450 g Pizzateig
(Fertigprodukt oder selbst gemacht)
1 EL Olivenöl für die Form
1 Dose Pizzatomaten (400 g)
100 g Tomatenmark
1 TL gerebelter Oregano
1 TL gerebelter Thymian
Salz, Pfeffer aus der Mühle
1 Prise Cayennepfeffer
4 große Tomaten
375 g Mozzarella

Für das Pesto:
1 Bund Basilikum
½ Bund glatte Petersilie
3 Zweige Thymian
4 Knoblauchzehen
30 g geröstete Pinienkerne
Saft von ½ Zitrone
30 g frisch geriebener Parmesankäse
100 ml Olivenöl

Außerdem:
Basilikum zum Garnieren

Variation:
Wenn Sie keine Pinienkerne zur Hand haben, so können Sie auch geschälte weiße Mandeln verwenden.

Menge:
Für 4 Personen:

Schwierigkeit:
leicht

Zubereitungszeit:
40 Minuten
ohne Wartezeit

ZUBEREITUNG

1. Den Pizzateig auf einer bemehlten Arbeitsfläche in der Größe eines Backbleches ausrollen, auf das ausgefettete Blech legen und einen kleinen Rand hochziehen.

2. Die Pizzatomaten mit dem Tomatenmark, dem Oregano und dem Thymian in einer Schüssel verrühren.

3. Mit Salz, Pfeffer und Cayennepfeffer abschmecken und die Tomatensoße auf dem Teig verstreichen.

4. Die Tomaten waschen, den Strunk herausschneiden, die Tomaten in dünne Scheiben schneiden und auf der Pizza verteilen.

5. Den Mozzarella in Scheiben schneiden und die Pizza gleichmäßig damit belegen.

6. Die Tomatenpizza im auf 200 °C vorgeheizten Backofen etwa 25 Minuten backen.

7. Für das Pesto die verlesenen, gewaschenen und klein geschnittenen Kräuter mit den geschälten, gehackten Knoblauchzehen, den Pinienkernen und dem Zitronensaft im Mixer oder mit dem Pürierstab pürieren.

8. Das Ganze mit Salz und Pfeffer würzenund den Parmesankäse sowie das Olivenöl einrühren.

9. Nach Ende der Backzeit die Tomatenpizza aus dem Ofen nehmen, mit dem Pesto beträufeln, in Stücke schneiden, dekorativ anrichten, mit Basilikum garnieren und sofort servieren.

Pizza „American Style“

ZUTATEN

Für den Quark-Öl-Teig:
300 g Speisequark
25 ml Milch
75 ml Olivenöl
75 g Zucker
3 TL Salz
600 g Weizenmehl
1 Päckchen Backpulver
375 g Mozzarella
Fett für die Form

Für den Belag:
1 EL Butterschmalz
500 g Hackfleisch
1 Zwiebel, 2 Knoblauchzehen
1 Bund Suppengemüse
2–3 EL Tomatenmark
1 große Dose geschälte Tomaten
je 1 TL gerebelter Majoran, gerebeltes Basilikum und gerebelter Rosmarin
Salz, Pfeffer aus der Mühle
1 Prise Cayennepfeffer
Soßenbinder zum Binden
2 Zwiebeln
2 gelbe Paprikaschoten
150 g geriebener Emmentaler

Außerdem:
Kräuterzweige zum Garnieren

Menge:
Für 4 Personen:

Schwierigkeit:
leicht

Zubereitungszeit:
60 Minuten ohne Wartezeit

ZUBEREITUNG

1. Quark mit Milch, Olivenöl, Zucker und Salz verrühren. Das Mehl mit dem Backpulver vermischen, darübersieben und unterkneten.

2. Den Teig halbieren, einen Teil auf einer bemehlten Arbeitsfläche in der Größe von vier Pizzaformen ausrollen, den Teig in die ausgefetteten Formen legen.

3. Den restlichen Teig in vier Teile teilen, jedes Teil zu einem länglichen Rechteck ausrollen, den in Würfel geschnittenen Mozzarella auf den Teig legen und von der langen Seite her zusammenrollen. Die Teigrollen an den Rand der Pizzaformen legen und leicht auf die Teigböden drücken.

4. Das Schmalz erhitzen. Das Hackfleisch dazugeben und unter ständigem Rühren braten. Die Zwiebel und die Knoblauchzehen schälen, fein würfeln, zum Fleisch geben und kurz mitbraten.

5. Das Suppengemüse putzen, waschen, würfeln, zum Fleisch geben und mitbraten. Tomatenmark einrühren und kurz anrösten. Mit Rotwein ablöschen und mit den zerdrückten Tomaten auffüllen.

6. Majoran, Basilikum und Rosmarin einrühren und bei mäßiger Hitze 10–15 Minuten köcheln lassen. Mit Salz, Pfeffer und Cayennepfeffer kräftig abschmecken und mit dem Soßenbinder abbinden.

7. Die Soße vom Herd nehmen und erkalten lassen. Die Zwiebeln schälen und in feine Scheiben schneiden. Die Paprikaschoten halbieren, entkernen und in Würfel schneiden.

8. Die Hackfleischsoße auf dem Teig verteilen, mit Zwiebelscheiben und Paprikawürfeln belegen, mit dem Käse bestreuen und im auf 180–200 °C vorgeheizten Backofen 15–20 Minuten backen.

9. Nach Ende der Backzeit die Pizzen herausnehmen, dekorativ anrichten, mit Kräuterzweigen und Kirschtomaten garnieren und sofort servieren.

Pfeffer

Fitnesssalat auf Pizzabrot

ZUTATEN

Für den Teig:
500 g Mehl
200 ml lauwarmes Wasser
1 Würfel Frischhefe
2 TL Zucker
3 EL Olivenöl
1 Prise Salz
100 g Tomatenmark
100 ml Gemüsebrühe
2 Knoblauchzehen
1 TL gerebelter Oregano
1 TL gerebelter Thymian

Für den Salat:
200 g gemischte Blattsalate (Eichblatt-, Eisbergsalat und Rucola)
100 g Kirschtomaten
100 g Radieschen
30 g frisch gehobelter Parmesankäse
150 g Joghurt
100 ml Milch
Saft von 1 Zitrone
1 Zwiebel
Salz, Pfeffer aus der Mühle
1 Prise Zucker
2 Bund Schnittlauch

Menge:
Für 4 Personen:

Schwierigkeit:
leicht

Zubereitungszeit:
30 Minuten
ohne Wartezeit

ZUBEREITUNG

1. Das gesiebte Mehl in eine Schüssel geben und eine Mulde eindrücken.

2. Das lauwarme Wasser mit der zerbröckelten Hefe und dem Zucker verrühren und in die Mulde gießen.

3. Das Olivenöl darüberträufeln, mit Salz bestreuen und die Zutaten zu einem glatten, kompakten Teig verkneten.

4. Den Teig auf einer bemehlten Arbeitsfläche sehr dünn ausrollen und Pizzafladen ausschneiden.

5. Das Tomatenmark mit der Gemüsebrühe verrühren. Die Knoblauchzehen schälen, würfeln, mit Salz zu einer Paste zerreiben, mit dem Oregano und dem Thymian unter das Tomatenmark rühren.

6. Die Pizzafladen mit der Tomatenmischung bestreichen, auf ein mit Backpapier belegtes Backblech legen und im auf 200 °C vorgeheizten Backofen ca. 10 Minuten backen.

7. Für den Salat die Blattsalate verlesen, waschen, abtropfen lassen und in mundgerechte Stücke zerpflücken.

8. Die Kirschtomaten und die geputzten Radieschen waschen, abtropfen lassen und klein schneiden. Mit dem Parmesankäse unter die Blattsalate mischen.

9. Für das Dressing den Joghurt mit der Milch und dem Zitronensaft in einer Schüssel glatt rühren. Die Zwiebel schälen, fein würfeln und untermischen.

10. Das Dressing mit Salz, Pfeffer und Zucker abrunden und den verlesenen, gewaschenen und fein geschnittenen Schnittlauch unterrühren.

11. Die noch warmen Pizzafladen anrichten, den Salat darauf verteilen, mit dem Dressing überziehen, garnieren und sofort servieren.

Toskanabrot

ZUTATEN

400 g Mehl Type 405
1 Würfel Hefe
½ TL Salz
150 g Olivenöl mit Basilikum
120 ml warmes Wasser

Außerdem:
100 g entsteinte, schwarze Oliven
Mehl für das Backblech

ZUBEREITUNG

1. Das Mehl in eine Schüssel sieben. Die zerbröckelte Hefe und das Salz dazugeben und alles vermischen.

2. Das Olivenöl und das warme Wasser angießen und alles zu einem glatten Teig vermengen.

3. Den Teig solange schlagen, bis er Blasen wirft. Mit einem Küchentuch zudecken und an einem warmen Ort 20–30 Minuten gehen lassen.

4. Die entsteinten Oliven klein schneiden und zum Teig geben.

5. Den Teig nochmals kräftig durchkneten, zu einem runden Laib formen und zugedeckt weitere 20 Minuten gehen lassen.

6. Den Laib auf ein mit Mehl bestreutes Backblech setzen und im auf 180–200 °C vorgeheizten Backofen 30–40 Minuten backen.

7. Das Weißbrot mit Oliven aus dem Backofen nehmen und vor dem Verzehr vollständig auskühlen lassen.

Bohnencreme:

Zu unserem Toskanabrot schmeckt ganz besonders gut eine Bohnencreme. Hierfür 200 g gekochte, weiße Bohnen in eine Schüssel geben und mit einer Gabel zerdrücken. 1 Zwiebel und 2 Knoblauchzehen schälen und fein würfeln. Zwiebeln und Knoblauch mit dem Saft von 1 Zitrone zu den Bohnen geben und im Mixer oder mit dem Pürierstab pürieren. 200 g Mascarpone und einige Zweige verlesenes, gewaschenes und klein geschnittenes Bohnenkraut dazugeben und glatt rühren. Die Creme mit Salz, Pfeffer, Cayennepfeffer und Zucker kräftig würzen und zum Brot reichen.

Menge:
Für 1 Brot:

Schwierigkeit:
leicht

Zubereitungszeit:
70 Minuten ohne Wartezeit

Focaccia mit Tomaten

ZUTATEN

Für den Teig:
½ Würfel Frischhefe
100 ml lauwarmes Wasser
1 TL Zucker
300 g Mehl
½ TL Salz
2–3 EL Olivenöl

Für den Belag:
1 rote Zwiebel
2–3 Knoblauchzehen
2–3 EL Olivenöl
5 Tomaten
80 g entsteinte, grüne Oliven
Salz, Pfeffer aus der Mühle
30 g Rucola
30 g geriebener Parmesankäse

Außerdem:
Kräuterzweige zum Garnieren

Variation:
Statt der Tomaten können Sie auch sehr gut Paprikaschoten, Auberginen oder Zucchini verwenden. Auch eine Mischung der verschiedenen Gemüsesorten ist sehr fein.

ZUBEREITUNG

1. Die Frischhefe mit dem lauwarmem Wasser in eine Schüssel geben, den Zucker einrühren und die Hefe an einem warmen Ort 10–15 Minuten gehen lassen.

2. Das gesiebte Mehl mit dem Salz und dem Olivenöl zum Hefeansatz geben und das Ganze zu einem glatten, kompakten Teig verarbeiten.

3. Den Teig mit dem Kochlöffel solange schlagen, bis er Blasen wirft. Anschließend den Teig an einem warmen Ort zugedeckt 30 Minuten gehen lassen.

4. Den Teig erneut durcharbeiten und weitere 30 Minuten gehen lassen. Den Teig auf einer bemehlten Arbeitsfläche kneten, in vier Portionen teilen und zu Fladen formen. Die Fladen auf ein bemehltes Backblech legen und in der Mitte eine kleine Mulde eindrücken.

5. Für den Belag die Zwiebel und die Knoblauchzehen schälen und in Scheiben schneiden. Das Olivenöl in einer Pfanne erhitzen, Knoblauch und Zwiebeln darin glasig schwitzen.

6. Die Tomaten enthäuten, entkernen und in Stücke schneiden, die Oliven halbieren, beides zu den Knoblauchzwiebeln geben und kurz dünsten. Mit Salz und Pfeffer kräftig abschmecken.

7. Die Teigfladen in dem auf 180–200 °C vorgeheizten Backofen etwa 30 Minuten backen. 10 Minuten vor Garende die Füllung gleichmäßig auf den Fladen verteilen und fertig backen.

8. Die Focaccia mit Tomaten aus dem Ofen nehmen, dekorativ anrichten, mit dem verlesenen, gewaschenen und fein geschnittenen Rucola und dem Parmesankäse bestreuen, mit Kräuterzweigen garnieren und servieren.

Menge:
Für 4 Personen:

Schwierigkeit:
leicht

Zubereitungszeit:
50 Minuten
ohne Wartezeit

Hefezopf mit Zuckerguss

ZUTATEN

Für den Hefeteig:
1 Würfel Frischhefe
125 ml Milch
375 g Weizenmehl
1 TL Zucker
60 g weiche Butter
2 Eier
60 g Zucker
1 Prise Salz

Außerdem:
1 Eigelb
2 EL Sahne
3–4 EL Aprikosenmarmelade
200 g Puderzucker
2 EL Wasser oder Zitronensaft
Mandelblättchen zum Bestreuen

Tipp:
Unseren Hefezopf kann man auch sehr gut mit einer Nussfüllung füllen.

ZUBEREITUNG

1. Die Frischhefe in eine Tasse bröckeln und mit der lauwarmen Milch glatt rühren. Das Mehl in eine Schüssel geben und eine Mulde in die Mitte drücken.

2. Den Zucker hineinstreuen und die Hefemilch dazugeben. Mit etwas Mehl verrühren und zugedeckt 10–15 Minuten gehen lassen.

3. Die weiche Butter, die Eier, den Zucker und das Salz dazugeben, das Ganze zu einem glatten Teig verarbeiten und solange schlagen, bis er Blasen wirft.

4. Den Teig zu einer Kugel formen und zugedeckt an einem warmen Ort zur doppelten Menge aufgehen lassen.

5. Den Teig in drei gleiche Portionen teilen, diese zu Kugeln abdrehen und erneut kurz gehen lassen.

6. Aus den Kugeln drei Stränge formen und zu einem Zopf flechten. Den Zopf auf ein mit Backpapier ausgelegtes Backblech legen und zugedeckt 20–30 Minuten gehen lassen.

7. Das Eigelb mit der Sahne verrühren und den Zopf damit bestreichen. Den Zopf im auf 180–200 °C vorgeheizten Backofen 25–30 Minuten backen.

8. Den fertig gebackenen Zopf aus dem Backofen nehmen, sofort mit der glatt gerührten Aprikosenmarmelade bestreichen, auf ein Kuchengitter setzen und erkalten lassen.

9. Den Puderzucker mit Wasser oder Zitronensaft zu einem dickflüssigen Guss verrühren, diesen über den Hefezopf träufeln und mit Mandelblättchen bestreuen. Den Guss vollständig abtrocknen lassen und den Zopf bis zum Verzehr kühl stellen.

Menge:
Für 12 Stücke:

Schwierigkeit:
mittel

Zubereitungszeit:
70 Minuten ohne Wartezeit

Gefüllter Osterzopf

ZUTATEN

Für den Hefeteig:
1 Würfel Hefe
125 ml lauwarme Milch
100 g Zucker, 500 g Mehl
100 g gemahlene Mandeln
1 Prise Salz
1 TL geriebene Zitronenschale
1 EL Rum
125 g weiche Butter
1 Ei, 1 Eigelb

Für die Füllung:
200 g Marzipanrohmasse
1 Ei, 5 EL Rum
50 g gemahlene Haselnüsse
100 g Rumrosinen

Außerdem:
1 Eigelb, 1 EL süße Sahne
Backpapier für das Blech
1 EL Hagelzucker
bunte Marzipaneier zum Verzieren

Variation:
Statt der Marzipanfüllung können Sie den Osterzopf auch sehr gut mit einer Apfel-Nussfüllung füllen.

Menge:
Für 12 Stücke:

Schwierigkeit:
mittel

Zubereitungszeit:
70 Minuten ohne Wartezeit

ZUBEREITUNG

1. Die Frischhefe in die lauwarme Milch bröckeln, etwas Zucker einrühren und das Ganze 10 Minuten gehen lassen.

2. Den restlichen Zucker mit dem gesiebten Mehl, den gemahlenen Mandeln, dem Salz, der geriebenen Zitronenschale, dem Rum, der weichen Butter, dem Ei und dem Eigelb in eine Schüssel geben.

3. Die Hefemischung dazugeben und alles zu einem glatten Teig verarbeiten.

4. Den Teig zugedeckt an einem warmen Ort 30 Minuten gehen lassen.

5. Anschließend kurz durchkneten und in drei gleiche Portionen teilen. Jede Teigportion zu einem Rechteck von 6 x 30 cm ausrollen.

6. Die Marzipanrohmasse mit dem Ei, dem Rum und den Nüssen zu einer streichfähigen Masse verrühren und auf die Teigstücke streichen.

7. Mit den gut abgetropften Rumrosinen belegen, längs aufrollen und aus den Rollen einen Zopf flechten.

8. Das Eigelb mit der Sahne verquirlen. Den Zopf auf ein mit Backpapier belegtes Backblech legen, mit der Eigelb-Sahne-Mischung bestreichen und mit Hagelzucker bestreuen.

9. Den Zopf nochmals 15–20 Minuten ruhen lassen und anschließend im auf 180 °C vorgeheizten Backofen 40–45 Minuten backen.

10. Den fertig gebackenen Osterzopf aus dem Backofen nehmen und auf einem Kuchengitter erkalten lassen.

11. Den Osterzopf auf eine Tortenplatte setzen, mit Marzipaneiern verzieren und bis zum Verzehr kühl stellen.

Hefeschnecke

ZUTATEN

Für den Hefeteig:
25 g Frischhefe
100 ml warme Milch
50 g Zucker
600 g Weizenmehl
3 Eier
200 g Butter
150 g Zucker

Außerdem:
Backpapier für das Blech
100 g Aprikosenmarmelade
50 g gehackte Mandeln
4 EL Zimtzucker

Variation:
Sie können auch sehr gut unter den Hefeteig noch gehackte Haselnüsse oder Mandelblättchen kneten.

Menge:
Für 12 Stücke:

Schwierigkeit:
leicht

Zubereitungszeit:
60 Minuten ohne Wartezeit

ZUBEREITUNG

1. Die Frischhefe in eine kleine Schüssel bröseln, die warme Milch und den Zucker dazugeben und das Ganze an einem warmen Ort 10–15 Minuten gehen lassen.

2. Das gesiebte Weizenmehl in eine Rührschüssel geben. Die Hefemilch mit den Eiern, der weichen Butter und dem restlichen Zucker hinzufügen und das Ganze zu einem glatten, kompakten Teig verkneten.

3. Den Hefeteig zugedeckt an einem warmen Ort etwa 45 Minuten gehen lassen. Anschließend den Teig auf eine bemehlte Arbeitsfläche geben und nochmals durchkneten.

4. Den Hefeteig zu einem langen Strang ausrollen und locker zu einer Schnecke drehen. Die Teigschnecke auf ein mit Backpapier ausgelegtes Backblech legen und zugedeckt an einem warmen Ort weitere 45 Minuten gehen lassen.

5. Die Hefeschnecke in dem auf 180 °C vorgeheizten Backofen 40 Minuten backen. Die fertig gebackene Hefeschnecke aus dem Backofen nehmen, leicht abkühlen lassen, vom Blech und dem Backpapier lösen und auf eine Tortenplatte setzen.

6. Die Aprikosenmarmelade erwärmen, die Hefeschnecke damit bestreichen, mit gehackten Mandeln und dem Zimtzucker bestreuen und bis zum Verzehr bereitstellen.

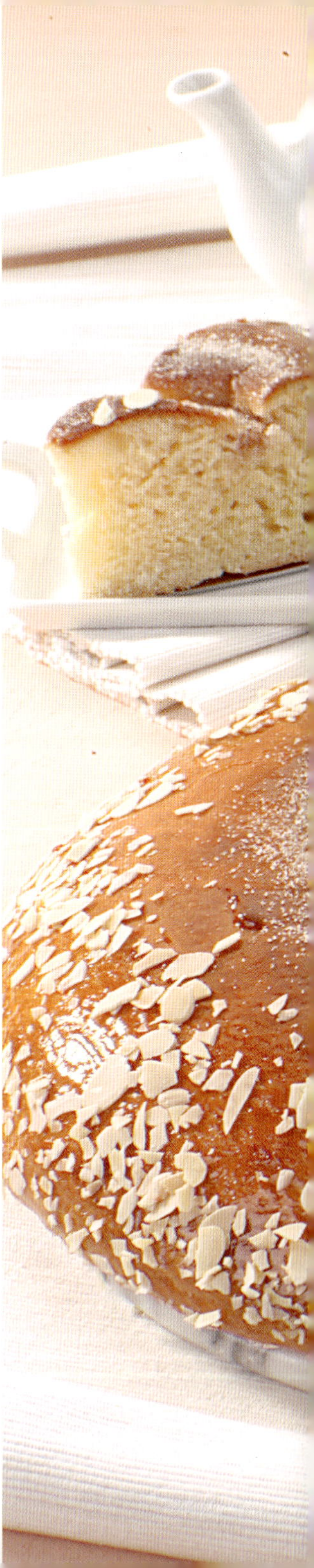

Nussstollen

ZUTATEN

Für den Quarkteig:
300 g Mehl, 1 Ei
150 g Quark
75 g Zucker
100 g flüssige Butter
50 g gemahlene Mandeln

Für die Füllung:
2 Päckchen Haselnuss-Fix
50 ml Milch zum Bestreichen

Außerdem:
100 g flüssige Butter
100 g Zucker

Menge:
Für 12–14 Stücke:

Schwierigkeit:
mittel

Zubereitungszeit:
70 Minuten ohne Wartezeit

ZUBEREITUNG

1. Das Mehl auf eine Arbeitsfläche sieben, eine Mulde eindrücken, das Ei und den Quark hineingeben. Den Zucker darüberstreuen, die flüssige Butter und die gemahlenen Mandeln dazugeben.

2. Die Zutaten mit bemehlten Händen von außen nach innen schnell zu einem glatten, kompakten Teig verkneten und auf einer bemehlten Arbeitsfläche ca. 1 cm dick zu einem Rechteck ausrollen.

3. Das Haselnuss-Fix darauf verstreichen und den Teig von beiden Längsseiten her zusammenrollen, dabei den Teig leicht mit Milch bestreichen.

4. Die Rolle auf ein mit Backpapier belegtes Backblech legen. Ein Stück doppelt gelegte Alufolie um die Rolle legen. Die Rolle mit flüssiger Butter bestreichen und in dem auf 180 °C vorgeheizten Backofen ca. 45 Minuten backen. Herausnehmen und die Alufolie entfernen.

5. Den Nussstollen mit flüssiger Butter bestreichen, mit Zucker bestreuen, auf einem Kuchengitter erkalten lassen, in Folie verpacken und bis zum Verzehr kühl stellen.

Butterstollen

(ohne Abbildung)

ZUTATEN

Für den Hefeteig:
375 g Mehl
40 g Frischhefe
150 ml warme Milch
75 g Zucker
150 g weiche Butter
1 TL Stollengewürz

Außerdem:
125 g Rumrosinen
50 g Orangeat
50 g Zitronat
100 g Mandelstifte
Butter zum Bestreichen
Zucker zum Bestreuen

ZUBEREITUNG

1. Das gesiebte Mehl in eine Schüssel geben und eine Mulde eindrücken. Die zerbröckelte Hefe mit etwas Milch und 1 TL Zucker verrühren, in die Mulde geben und das Ganze zugedeckt an einem warmen Ort 10 Minuten gehen lassen.

2. Die restliche Milch mit dem Zucker, der Butter und dem Stollengewürz hinzufügen und die Zutaten mit dem Knetkaken des Handrührgerätes zu einem glatten Teig verkneten.

3. Den Teig zugedeckt an einem warmen Ort zur doppelten Menge aufgehen lassen.

4. Die Rumrosinen mit dem Orangeat, dem Zitronat und den Mandelstiften zum Teig geben, gut unterkneten und zugedeckt nochmals gehen lassen.

5. Den Teig in eine ausgefettete Zopf- oder Stollenform füllen und im auf 180 °C vorgeheizten Backofen 50–60 Minuten backen.

6. Den fertig gebackenen Stollen aus dem Ofen nehmen, aus der Form stürzen, auf ein Kuchengitter setzen und noch warm mit der zerlassener Butter bestreichen.

7. Den Stollen mit Zucker bestreuen, erkalten lassen und bis zum Verzehr kühl stellen.

Menge:
Für 12–14 Stücke:

Schwierigkeit:
mittel

Zubereitungszeit:
80 Minuten ohne Wartezeit

Kirsch-Hefe-Brot

ZUTATEN

Für den Hefeteig:
250 g Mehl
½ Würfel Frischhefe
100 ml warme Milch
50 g Zucker
1 Päckchen Vanillezucker
1 Ei
50 g Butter

Außerdem:
500 g Kirschen
Fett zum Ausfetten
Saft 1 Zitrone
200 g Puderzucker
Mandelblättchen zum Bestreuen

Variation:
Statt der Kirschen können Sie auch sehr gut Zwetschgen oder Äpfel verwenden. Diese Früchte sollten Sie allerdings klein schneiden und mit Zimtzucker verfeinern.

Menge:
Für 1 Brot:

Schwierigkeit:
mittel

Zubereitungszeit:
70 Minuten
ohne Wartezeit

ZUBEREITUNG

1. Das Mehl in eine Schüssel sieben und eine Mulde eindrücken. Die zerbröckelte Hefe mit etwas lauwarmer Milch und 1 TL Zucker in die Mulde geben und verrühren und zugedeckt an einem warmen Ort 10 Minuten gehen lassen.

2. Die restliche Milch mit dem Zucker, dem Vanillezucker, dem Ei und der zerlassene Butter dazugeben und alles zu einem glatten Teig verkneten.

3. Den Teig zugedeckt an einem warmen Ort zur doppelten Menge aufgehen lassen. Anschließend auf einer bemehlten Arbeitsfläche nochmals durchkneten.

4. Den Teig zu einem Rechteck (30 x 40 cm) ausrollen und mit den entsteinten Kirschen belegen. Am breiten Ende aufrollen, den Verschluss mit etwas Milch bestreichen und das Ganze in eine gefettete Kastenform mit dem Verschluss nach unten hineinlegen.

5. Das Brot im auf 180–200 °C vorgeheizten Backofen etwa 45 Minuten backen. Das fertige Kirschbrot aus dem Ofen nehmen, erkalten lassen, aus der Form nehmen und auf eine Tortenplatte setzten.

6. Mit dem Zitronensaft und dem Puderzucker einen Guss anrühren und auf dem Kirschbrot verstreichen. Das Brot mit Mandelblättchen bestreuen und bis zum Verzehr kühl stellen.

Nussbrot

ZUTATEN

Für den Teig:
3 Eier, 125 g Zucker
1 Päckchen Vanillezucker
einige Tropfen Rumaroma
1 TL geriebene Zitronen- und Orangenschale
½ TL Zimtpulver
¼ TL Kardamompulver
1 Prise Nelkenpulver
125 g Mehl
50 g Speisestärke
1 gestrichener TL Backpulver
125 g Haselnusskerne
75 g gehackte Mandeln
125 g getrocknete Feigen
250 g Rumrosinen
125 g Zitronat

Außerdem:
75 g flüssige Butter
75 g Zucker

Variation:
Statt der Haselnüsse können Sie auch sehr gut Walnüsse, Paranüsse oder Cashewkerne verwenden.

Menge:
Für 12 Stücke:

Schwierigkeit:
mittel

Zubereitungszeit:
60 Minuten
ohne Wartezeit

ZUBEREITUNG

1. Eier mit Zucker und Vanillezucker in eine Schüssel geben und mit den Schneebesen des Handrührgerätes schaumig schlagen.

2. Das Rumaroma, die Zitronen- und Orangenschalen, das Zimtpulver, das Kardamompulver und das Nelkenpulver dazugeben und unterrühren.

3. Mehl, Speisestärke und Backpulver vermischen, auf die Eimasse sieben und unterrühren.

4. Die Nüsse, die fein gewürfelten Feigen, die Rumrosinen und das klein geschnittene Zitronat dazugeben und untermischen.

5. Eine Kastenform (30 x 11 cm) mit Backpapier auslegen, die Masse einfüllen, glatt streichen und im auf 180 °C vorgeheizten Backofen 45–50 Minuten backen.

6. Das fertig gebackene Nussbrot aus dem Ofen nehmen, leicht erkalten lassen, aus der Form stürzen und auf ein Kuchengitter legen.

7. Das Nussbrot noch warm mit der flüssigen Butter bestreichen und mit Zucker bestreuen.

8. Das Nussbrot vollständig auskühlen lassen, in Alufolie wickeln und bis zum Verzehr kühl aufbewahren.

Früchtebrot

ZUTATEN

Für den Hefeteig:
350 g Mehl
40 g Frischhefe
100 ml warmes Wasser
1 TL Zucker
100 ml Kirschwasser
1 TL Lebkuchengewürz
100 g Soft-Datteln
100 g Soft-Feigen
100 g Soft-Pflaumen
100 g Soft-Rosinen
100 g ganze Haselnüsse
Butter zum Ausfetten

Außerdem:
50 g Honig
geröstete Mandelbättchen zum Bestreuen

ZUBEREITUNG

1. Das Mehl in eine Schüssel sieben und eine kleine Mulde eindrücken.

2. Die zerbröckelte Frischhefe mit etwas warmem Wasser und dem Zucker verrühren, in die Mulde geben und zugedeckt an einem warmen Ort 10 Minuten gehen lassen.

3. Das restliche Wasser, das Kirschwasser und das Lebkuchengewürz dazugeben und die Zutaten zu einem glatten Teig verkneten.

4. Die Datteln, die Feigen und die Pflaumen in feine Würfel schneiden, mit den Rosinen und den ganzen Haselnüssen zum Teig geben und alles kräftig unterkneten.

5. Den Teig in eine ausgefettete Kastenform geben und zugedeckt an einem warmen Ort zur doppelten Menge aufgehen lassen.

6. Anschließend das Früchtebrot in dem auf 180 °C vorgeheizten Ofen 50–60 Minuten backen.

7. Das fertig gebackene Früchtebrot aus dem Backofen nehmen, in der Form leicht erkalten lassen, aus der Form stürzen, auf ein Kuchengitter legen und vollständig erkalten lassen.

8. Den Honig leicht erwärmen, das Früchtebrot mit dem Honig bestreichen und mit gerösteten Mandelblättchen bestreuen.

9. Den Honig einige Stunden abtrocknen lassen, das Früchtebrot bis zum Verzehr in Alufolie wickeln und kühl aufbewahren.

Variation:
Unser Früchtebrot lässt sich als Grundrezept für viele andere Brote dieser Art verwenden. Hieraus lässt sich dann auch das Kletzen- oder Hutzelbrot herstellen. Verwenden Sie hierfür statt der verschiedenen Soft-Früchte die getrockneten Kletzen oder Hutzeln, was ganz einfach ganze, getrocknete Birnen sind.

Menge:
Für 14–16 Stücke:

Schwierigkeit:
mittel

Zubereitungszeit:
80 Minuten
ohne Wartezeit

Zimt

Register

Bauernzopfbrot 30
Bierbrot 50
Bierstangen 134
Blätterteigstangen 144
Blitzbrot 48
Blumentopfbrot 60
Brötchen mit Basilikum 108
Brot, Memminger 118
Butter-Mohn-Hirse-Stangen 136
Butterbrötchen 80
Butterhörnchen 138
Butterstollen 166
Buttertoast 80
Butterweißbrot 66

Dinkel-Seelen 102
Dinkelbrot mit Sojakernen 16
Dinkelbrot, Kammeltaler 84
Dinkelkrustis 122

Erntedank-Brot 12

Fitnesssalat auf Pizzabrot 154
Fladen, vinschgauer 110
Focaccia mit Tomaten 158
Früchtebrot 172
Frühstücksbrezeln 100
Frühstücksstangen 100

Gewürzbrot 36
Grahambrot 74
Grissini 94

Haferflockenbrot 26
Haferflockenbrötchen 124
Haselnussbrot 116
Hefebrot, indisches 64
Hefeschnecke 164
Hefezopf mit Mandeln 64
Hefezopf mit Zuckerguss 160

Joghurtbrötchen 104

Kartoffel-Kräuter-Brot 116
Kartoffelbrot 46
Käse-Apfel-Walnuss-Brot 52
Käserollen 142
Käsestangen 90
Kasseler im Brotteig 38
Kirsch-Hefe-Brot 168
Kornspitz 106
Kraftkernbrot 24
Kräuterbrot 40
Kräuterbrötchen 120
Kürbiskernbrot 14
Kürbiskernbrötchen 98

Landbrot, italienisches 82
Leinsamenbrot 56

Mandelbrötchen 122
Mehrkornbrötchen 128
Milchbrötchen 104
Mitternachtsbrot 88
Mohnhörnchen 112

Register

Nussbrot 170
Nussknacker 68
Nussstollen 166

Olivenbrot 92
Osterzopf, gefüllter 162

Parmesanstangen 146
Partyrad 140
Pizza „American Style“ 152
Pizzazungen 148

Quarkbrötchen, süße 144

Rahmfladen mit Käse 114
Ringbrot 54
Röggelchen 102
Roggenbrot mit Kümmel 18
Roggenbrötchen mit Speck 130
Roggenkornbrot 62
Roggenkrustenbrot 34
Rohrnudeln mit Mohn 70
Rosmarinbrot 52

Saatenbrot 18
Sauerrahmbrötchen 108
Sauerteig-Mischbrot 42
Schinken-Croissants 76
Schmalzbrötchen 76
Schneckenbrot 32
Schrotbrötchen 50
Sesam- und Leinsamenbrötchen 96
Sesam-Fladenbrot 22
Sesambrezeln 132
Sesambrot 20
Sonnenbrot 28
Speckbrot 62
Stangenbrot mit Schafskäse 86
Stangenweißbrot 56

Tomatenpizza mit Mozzarella 150
Topfbrot 30
Toskanabrot 156

Vollkornbrot 24
Vollkornbrot, kerniges 20
Vollkornbrötchen 126

Walnussbrot 46
Walnussstangen 58
Weißbrot mit Sesam und Mohn 72
Weizenmischbrot, Hagenrieder 78
Wienerle im Brötchenteig 114

Zwiebel-Speck-Baguette 44
Zwiebel-Speck-Brot 32
Zwiebelbrote, pfälzer 90

Impressum

garant Verlag GmbH
Benzstr. 56
71272 Renningen

Bildnachweis Umschlag: www.shutterstock.com: symbiot

Umschlaggestaltung: garant Verlag GmbH

www.garant-verlag.de

ISBN 978-3-7359-2291-5